Bibliografische Information durch die Deutsche Nationalbibliothek: Die Deutsche Nationalbibliothek verzeichnet diese Publikation in der Deutschen Nationalbibliografie; detaillierte bibliografische Daten sind im Internet über http://www.dnb.de abrufbar.

Besuchen Sie uns im Internet:

www.mecklenburger-buchverlag.de

© Mecklenburger Buchverlag GmbH

Neubrandenburg 2013

Alle Rechte vorbehalten. Das Werk darf – auch teilweise – nur

mit Genehmigung des Verlages wiedergegeben werden.

Gestaltung: Mecklenburger Buchverlag GmbH

ISBN 978-3-944265-17-9

Im Sog der Geistigen Welt Gottes
Gottes Wort zur Rettung der Erde als Schöpfung Gottes

empfangen und niedergeschrieben von

Peter Schneider

Der Autor Peter Schneider, geboren 1941 in Treuen im Vogtland. Nach dem Abitur in Auerbach Pädagogikstudium für Geschichte und Russisch an der Martin-Luther-Universität in Halle/S. und anschließend Lehrer in Bad Lauchstädt und Güstrow. 1976 Zusatzstudium in Potsdam zum Diplompädagogen. Danach Inspektionsleiter für Wissenschaft, Bildung, Kultur beim Bezirkskomitee der Arbeiter-und-Bauern-Inspektion in Schwerin. Von 1986 – 1990 Stadtrat für Kultur in Schwerin. Es folgten zwei Jahre im Historischen Museum Schwerin als Direktor und wissenschaftlicher Mitarbeiter. 1992 Aufbau der Schuldnerberatungsstelle der Diakonie in Schwerin und Leitung derselben bis zum Eintritt des Rentenalters.

Während der kurzen Zeit im Historischen Museum Beschäftigung mit den Hexenprozessen in Schwerin. 1996 Veröffentlichung der Ergebnisse im Stock&Stein-Verlag Schwerin „Hexenwahn – Hexen und Hexenprozesse in Schwerin". Durch das Studium der Heilweisen der Heilerinnen des Volkes, der weisen Frauen, erste Bekanntschaft mit Heilungen auf geistigem Wege.

2003 Bekanntschaft mit den Lehren Bruno Grönings und seit 2005 Leiter der Gemeinschaften in Schwerin.

Inhaltsverzeichnis

Vorwort 7
Einleitung.. 9
Die Überwindung der Angst.. 19
Die Liebe als Quelle allen Seins 68
Die Wirkung der Erde auf die Galaxie 111
Die Verbindung des Menschen mit der Seele 146
Die verschiedenen Gefühle und die Kunst sie zu
beherrschen 219
Das menschliche Gehirn – ein Geschenk Gottes 239
Das Blut – ein Geschenk Gottes 265
Die Zelle – ein Geschenk Gottes 279
Das Leben - ein Geschenk Gottes 289
Das Fenster des Universums.. 302
Die Geschichte der Erde 313
Nachwort.. 329
Das ist Gottes Wille. 329
Die geistige Welt dichtet weiter 330

Vorwort

Diktiert von Gott am 27. Juni 2013.

Dieses Buch ist dem Autor von Gott diktiert worden.

Es ist eine richtige Anleitung, wie ihr selbst eure Erde retten könnt. Deshalb gibt euch Gott die Möglichkeit, die Erde in ihrer Einbettung in das Gesamtsystem des Universums kennen zu lernen. Das ist für viele Menschen bestimmt eine herbe Enttäuschung feststellen zu müssen, dass ihr Weltbild nichts taugt. Das ist nicht Gottes Schuld, aber auch nicht die Schuld von euch Menschen. Ihr konntet es nicht wissen. Jetzt ist es etwas anderes. Das Wort Gottes hat euch jetzt erreicht. Und nun seid ihr nicht mehr unwissend und könnt euch nicht mehr herausreden. Denn das, was ihr lesen werdet, ist keine Unterhaltungsliteratur, wie ihr sie kennt, sondern eine konkrete Anleitung, wie ihr euer Leben selbst in die Hand nehmen könnt, um in eurem Leben und auf eurer Erde Ordnung zu schaffen.

Gott ist nicht derjenige, der in den Kirchen angehimmelt werden möchte. Dadurch verändert ihr gar nichts. Im Gegenteil. Dadurch bleibt ihr in einer geistigen Abhängigkeit derer, die eure Erde quälen und euch in ihre Werte der Gier und der Unvernunft zwingen wollen. Gott möchte, dass

Gottes Wort in den Kirchen richtig verkündet wird als ein Aufruf gegen jede Gewalt, als ein Appell an alle vernünftigen Menschen, die Übeltäter öffentlich anzuprangern. Jede Kirche muss eine Bastion werden zum Kampf gegen die Mächte der Zerstörung dieser Erde. Sonst sind sie unnütz.

Auch diejenigen, die noch nicht bereit sind, sich an Gott zu binden, aber in ihrem Herzen nur das Gute wollen, werden von Gott geliebt und aufgefordert, sich d e n Menschen anzuschließen, die bereit sind umzukehren und die Erde in eine Heimstatt des Friedens und des Glücks für alle Menschen zu verwandeln.

Das ist Gottes Wille und eure Zukunft.

Einleitung

Am 27. Juni 2013 habe ich Gott gefragt, ob das Buch jetzt vollständig sei und auch von mir inhaltlich alles richtig aufgenommen wurde, nachdem mir Gott das Vorwort und das Nachwort diktiert hatte. Gott bestätigte das und bedankte sich bei mir für meinen Fleiß und die Gewissenhaftigkeit. Es fiel mir zugegebenermaßen nicht immer leicht, seit dem 5. April 2013 jeden Morgen die Botschaften von Asriel oder Paulus, den „zuständigen" Helfern Gottes, zu folgen, heute an dem Buch weiter zu schreiben, da Gott wichtige Informationen für mich hätte. Den Umfang konnte ich nicht einschätzen, da Gott immer Buch sagte, obwohl damit immer ein Kapitel gemeint war. War ein Kapitel abgeschlossen, folgte das nächste, bis ich schließlich erfasste, was Gott wirklich wollte.

Nun ist es beendet, zufällig an dem Tag, wo der erste Band „Im Sog der Geistigen Welt Gottes" von der Druckerei an den Mecklenburger Buchverlag zur Verbreitung übergeben wurde.

In dem Maße wie die Drucklegung des ersten Bandes Gestalt annahm, verstärkten sich die Angriffe der finsteren Mächte gegen mich, da sie verhindern wollten, dass das Gebet Gottes unter die Menschen kommt. Für Gott ist das Gebet und das Leben der Menschen nach den Erläuterungen Gottes zu den einzelnen Gebetszeilen der stärkste Angriff gegen die Mächte der Zerstörung. Das waren keine Angriffe von Personen, die werden sicher noch kommen, sondern Angriffe des zerstörenden Energiefeldes dieser Mächte. Der schwerste Angriff war am 14. Mai 2013 abends auf der Rückfahrt von einer Chorprobe vor einer Autobahnbrücke. Eine Kraft packte mich, als sollte ich zerdrückt werden. Ich wurde fast bewusstlos, konnte das Auto gerade noch anhalten und schrie laut die Gebetszeile „Gott schützt mich und reinigt mich von allen dreisten Versuchungen der finsteren Mächte."

Langsam wurde ich wieder handlungsfähig und fuhr nach Hause. Gott bestätigte, dass das ein Tötungsversuch war und ich am Herzen verletzt wurde. Ich sagte Gott, dass ich unter diesen Bedingungen nicht weiter bereit sei, die Arbeit an den Büchern fortzusetzen. Gott heilte mich und sagte, dass er solche Angriffe nicht weiter zulassen wird. Das hat sich bis heute auch bewahrheitet, machte aber deutlich, dass das alles kein Spaß ist.

Wer das Gebet Gottes liest, verbindet sich sofort mit Gott und steht damit automatisch in Opposition zu den finsteren Mächten. Deshalb ist es wichtig, dass dieses Gebet überall veröffentlicht wird. Auch wenn der Einzelne den Wert des Gebets nicht sofort erkennt, so ist das vollkommen egal. Er wird dennoch sofort ein Mitstreiter der Kräfte der Vernunft. Die Kraft des Gebets liegt in der Energie, die es ausstrahlt und nicht allein im intellektuellen Erfassen der einzelnen Wörter. Die Angst vieler Menschen ist berechtigt, aber in diesem Gebet ist der Schutz für alle gegeben, die nach dem Gebet leben. Die Mächte der Finsternis spüren sofort den Angriff, der ihnen aus der Umsetzung des Inhalts des Gebets entsteht.

Viele Freunde, die jetzt den ersten Band gelesen haben, stellten mir danach oft die Frage, warum gerade ich von Gott auserwählt wurde, den Menschen diese Botschaften Gottes zu übermitteln. Ehrlich gesagt, stellte sich mir diese Frage auch sehr oft. Auf diese Frage antworte Gott am 11. Juli 2013:

„Das ist ganz einfach zu beantworten. Du hast dich mit viel Fleiß und einem großen Wissensdurst immer tiefer mit der Lehre Jesu beschäftigt. Dabei ist es aber nicht geblieben, denn das machen viele. Du hast dich im Freundeskreis Bruno Gröning bedingungslos engagiert und auch die vielen wirklichen Niederlagen verkraftet ohne aufzugeben. Du hättest viele Gründe dafür gehabt. Du hast auch neue Wege beschritten, die alle Freunde näher an Gott heran geführt haben. Du hast immer Gott gesucht und über viele Umwege Gott schließlich gefunden. In den vielen Prüfungen, die dir Gott auferlegt hat, hast du nie gezweifelt, auch als sogar dein Leben in Gefahr war. Alles das hat Gott gesehen und dir dann die verantwortungsvollste Aufgabe übertragen, das Gebet Gottes zu den Menschen zu bringen. Das ist bisher noch keinem Menschen gelungen, weil alle Angst bekamen durch die Angriffe der finsteren Mächte. Du konntest diesen Angriffen widerstehen, und deshalb hat dich Gott immer tiefer in das Geistige Reich Gottes blicken lassen. Das ist die Antwort, die du deinen Freunden sagen kannst."

Den nun vorliegenden zweiten Band bezeichne ich als ein „Lehrbuch Gottes für unsere Zeit". Gott führt uns ein in die Zusammenhänge des Makrokosmos und des Mikrokosmos unseres Seins, unseres Körpers, unseres Geistes, unserer Gefühle. Wieder ist es die Seele, die einen großen Raum bekam. Erstaunen werden die Abschnitte über die Einbettung der Erde in die Galaxie und das gesamte Universum und unsere von Gott auferlegte Verantwortung hervorrufen. Ebenso die konkreten Anleitungen bereits im ersten Kapitel. So hat das noch keiner bisher lesen können und auch nicht vermutet, dass das von Gott kommt.

Ich möchte an dieser Stelle auch nicht die unterschiedlichen Reaktionen von Lesern verschweigen, die ich zu wissen bekam und die ich auch wissen wollte.

Dabei hat sich genau das bewahrheitet, was mir Gott bereits vorher mitgeteilt hatte. Das Buch provoziert nicht, das sollte es auch nicht, aber es polarisiert. Denn eines war klar, dass vor allem das Gebet Gottes und das Leben Jesu bei jedem Leser auf ein unumstößliches und durch die Bibel geprägtes Wissen anrennen werden. Und nun muss sich jeder positionieren: Erkenne ich das an oder lehne ich es ab. Bin ich bereit zum Umdenken oder gehe ich zum Angriff über.

An erster Stelle stand natürlich der Vorwurf der Scharlatanerie. Keiner könne mit Gott kommunizieren, das alles hätte ich mir ausgedacht, das wäre altes, aus dem Unterbewusstsein aktiviertes Urwissen. Andere meinten, dass das zwar eine fleißige Arbeit sei, aber eben nur eine weitere subjektive Interpretation neben bereits vielen anderen bereits bestehenden. Damit entzogen sie sich der Mühe des kritischen Bewertens zementierter Positionen.

Andere Meinungen bezogen sich auf den Wahrheitsgehalt von Pendelergebnissen. Ich musste aber bei der Bewertung der mir als wohlgemeinte Warnung zugesandten Publikationen und Auszügen bekannter Autoren feststellen, dass alle diese Autoren Ergebnisse von eklatanten Pendelfehlern beschrieben haben. Der Hauptfehler bestand darin, dass sich die Pendler vor Beginn ihrer Tätigkeit nicht mit Gott dem Herrscher aller Welt und der lichtvollen geistigen Welt Gottes verbunden haben und damit sofort mit dem Energiefeld der finsteren Mächte beziehungsweise Dämonen verbunden waren, die ihnen scheinbar gute und verständliche Informationen übermittelten, aber diese Verbindung zum Absaugen von Lebensenergie nutzten. Dass es ihnen danach immer schlechter ging, war dann nicht verwunderlich. Das aber gleich als große Warnung vor dem Pendeln und als feststehendes Wissen in alle Welt zu posaunen, war dann für mich schon etwas verwunderlich.

Der zweite große Pendelfehler bestand darin, dass die Pendler sich sofort mit irgendeinem Engel oder aufgestiegenen Meister verbanden und um Hilfe für ein Problem baten. Das funktioniert nie, und keiner sollte sich wundern, wenn das gewünschte Ergebnis nicht eintritt. Mit Ausnahme von Jesus und Bruno Gröning hat jeder Helfer Gottes für die Menschen unserer Erde nur e i n e bestimmte Aufgabe übertragen bekommen, für die er ausgebildet wurde. Und diese speziellen Aufgaben können die Menschen nicht kennen, wenn sie nicht mit Gott kommunizieren dürfen.

Zum Verständnis möchte ich deshalb hier bereits einen kurzen Ausschnitt aus einem Kapitel aus dem 3. Band anführen.

„Die Helfer Gottes, die vorerst nicht wieder inkarnieren, die ihr als Engel, Erzengel oder aufgestiegene Meister bezeichnet, haben bestimmte Aufgaben für Gott zu erledigen, wie z.B. die Gesunderhaltung der Wesen, die Erhaltung der Natur, den Schutz der Atmosphäre oder wie die Begleitung einzelner Menschen, die von Gott eine besondere Aufgabe übertragen bekommen haben. Du kennst sie bereits. Da ist für dich Asriel benannt worden, der dich beim Schreiben deiner Bücher begleiten soll, oder Pater Pio, der darauf achtet, dass du dich richtig ernährst. Aber auch die ehemaligen Jünger Jesu, die dir die wahre Bedeutung des Lebens Jesu mitgeteilt haben. Sie alle sind an ihre Aufgaben gebunden. Das bedeutet, wenn ihr euch mit Gott verbindet, dann verbindet ihr euch gleichzeitig mit d e m Helfer Gottes, der das Problem als Aufgabe hat, das euch gerade am meisten von Gott trennen will. Ihr braucht also diesen Helfer gar nicht zu kennen. Das könnte sogar schädlich sein. Nehmen wir an, ihr habt Geldsorgen, dann meldet sich der Helfer Gottes Uriel bei euch. Wenn ihr gesundheitliche Probleme habt, dann würde sich Jesus oder Bruno Gröning bei euch melden. Wenn ihr aber jetzt bei gesundheitlichen Problemen Uriel rufen würdet, dann würde das nicht funktionieren. Deshalb ist es besser, ihr kennt ihre Namen nicht.

Gott kennt den Inhalt der vielen Bücher, wo Menschen Zuordnungen vorgenommen haben für Engel, aufgestiegene Meister, Schutzheilige und andere und dazu noch Gegenstände angefertigt haben, die dann gekauft werden sollen und alle Probleme bereinigen. Das beleidigt die Helfer Gottes, weil sie für Aufgaben gerufen werden, für die sie nicht ausgebildet und zuständig sind. Gott möchte, dass ihr diesen Unsinn beendet und euch von den falschen Energien befreit. Es ist so, dass das alles Frequenzen sind, aber keine göttlichen. Diese Frequenzen blockieren das Eindringen der göttlichen Frequenzen als wenn ein Bretterzaun den Zugang versperrt. Das solltet ihr bedenken, wenn ihr leichtsinnig mit diesen Kräften spielt."

Und dann gab es noch diejenigen Leser, die mir den gut gemeinten Ratschlag gaben, bestimmte Passagen zu streichen, da sie mit der unumstößlichen Meinung der Wissenschaft kollidierten. Ich würde mich lächerlich machen, wenn das so stehen bliebe. Gott selbst hat diese Ratschläge abgelehnt, und dem bin ich gefolgt.

Andererseits war es sehr wohltuend zu erleben, wie viele Leser und Freunde sich das Gebet zu Eigen machten und begannen danach zu leben.

Jeder, der jetzt diesen 2. Band lesen will, muss den 1. Band gelesen haben und verschiedene Dinge einfach als gegeben akzeptieren: Gott ist Gott. Und Gott ist der Herrscher aller Welt. Es ist tatsächlich Gott, der diese Kapitel diktiert hat. Wer das nicht akzeptieren kann, wird auch nicht die tiefere Absicht Gottes verstehen können. Diese Weisheit und Klugheit besitze ich nicht, um mir das alles aus den Fingern zu saugen. Weiter muss akzeptiert werden, wie Gott selbst im Vorwort schreibt „Gott ist nicht derjenige, der in den Kirchen angehimmelt werden möchte". Gott ist in seinen Darlegungen sehr direkt, ja fast revolutionär. Gott möchte aus unserer Zeit heraus verstanden werden und nicht, wie Gott selbst sagt, „aus alten Bibeln". Gott verabscheut das heuchlerische Getue. Gott möchte, dass durch die Kraft der Vernunft alle diejenigen aus ihren Ämtern und Positionen verdrängt werden, die Waffen produzieren lassen, deren Einsatz befehlen, Milliarden für die Anschaffung von Kriegsgerät verpulvern, die Atmosphäre vergiften, das Klima als Waffe benutzen, sowie den Hunger, die Armut und die Not auf unserer Erde dulden, aber heuchlerisch zu Spenden aufrufen.

Gott sieht das alles, aber Gott möchte, dass wir selbst unsere Erde reinigen. Gott liebt alle Menschen.

Tun wir es, und erfüllen wir den Willen Gottes.

Peter Schneider im August 2013

Am 05. April 2013 sagte mir Gott, dass ich einen zweiten Teil zum Buch „Im Sog der Geistigen Welt Gottes" schreiben soll. Wie viele Kapitel es werden, ließ Gott offen. Gott diktierte die Überschrift dieses Kapitels und auch gleichzeitig die einzelnen Gliederungspunkte.

Die Überwindung der Angst

Und so begann Gott zu diktieren:

Über die Angst zu schreiben ist eine gefährliche Angelegenheit, weil viele Menschen Angst haben, dieses Thema anzusprechen.

Eure Zeit ist geprägt von Angst, weil es Menschen gibt, die die Angst brauchen, um herrschen zu können. Denken wir dabei vor allem an die Medien, die alles aufgreifen, was den Menschen Angst macht. Tausende schöne Dinge geschehen täglich, aber nicht ein einziges ist es wert, erwähnt zu werden. Warum ist das so? Weil es keinen interessiert, wenn die Menschen in Frieden und Harmonie zusammen leben. Überhaupt keine Erwähnung finden vor allem die vielen Aktivitäten zum Schutz der Erde und des Lebens. Das ist aber viel wichtiger als die Informationen über Ereignisse, wo Menschen zu Tode kommen. Auch die Vorkommnisse in der Umwelt, wo Tiere vernichtet werden, stehen in keiner Zeitung. Trotzdem aber haben die Menschen eine innere Sehnsucht nach Liebe.

Schauen wir uns das Verhalten der Menschen an. Auf der einen Seite zweifeln sie an ihrer Zärtlichkeit gegenüber den Mitmenschen, auf der anderen Seite verurteilen sie das Verhalten derjenigen, die Menschen Schaden zufügen. Dieser Widerspruch ist unnatürlich, weil er zum Ausdruck bringt, dass der Wunsch nach Gerechtigkeit in jedem Menschen tief verwurzelt ist. Umso dringender ist es, dass die Menschen wieder zu ihrem eigenen Wesen zurück finden. Vor allem müssen die Menschen wieder lernen, sich gegenseitig zu vertrauen. Eure Zeit ist gerade dadurch gekennzeichnet, dass keiner dem anderen vertraut. Das merken viele an der Währungssituation und der Außenpolitik der Regierungen. Wer glaubt heute noch an die Stabilität des Euro? Wer glaubt heute noch, dass es einmal Frieden gibt zwischen den Völkern und den Religionen? Überall herrscht eine Resignation über die eigene Hilflosigkeit gegenüber denjenigen, die das Sagen und dadurch einen großen Einfluss auf das Leben des einzelnen Menschen haben. Wie soll sich der einzelne Mensch verhalten, wenn er keine Macht hat, etwas zu verändern? Auch die Anwendung von Gewalt ist kein Mittel, um Veränderungen zu erreichen. Es stärkt im Gegenteil die Macht der Mächtigen. Deshalb entsteht bei den Menschen der Eindruck, Kräften ausgeliefert zu sein und nichts dagegen tun zu können. Das bereitet den Menschen Angst. Deshalb will Gott in diesem Kapitel aufzeigen, wie die Kraft der Schwachen gebündelt werden kann, um die Angst zu überwinden.

Frage: Das klingt sehr revolutionär?

Gott: *„Das ist notwendig, denn die Erde muss so gerettet werden!!!"*

Die Angst als Warnung

Auf jeden Menschen kommen im Leben viele Gefahren zu. Überall lauern sie und verursachen Angst. Wir Menschen haben aber einen Schutzmechanismus, der uns davor bewahrt, uns jedes Mal in Schrecken versetzen zu lassen. Das ist unser Instinkt. Wir können uns verstecken vor allen Wesen, die uns verfolgen. Wir können weglaufen, wenn es irgendwo kracht. Wir können uns mit allen möglichen Dingen verschanzen, wenn wir angegriffen werden. Alles das hat die Natur so eingerichtet, damit wir am Leben bleiben. Wir nutzen diese Möglichkeiten weiterhin, um auch unsere Nächsten vor diesen Gefahren zu schützen. Überall geschieht das so, auch bei den Tieren und den Pflanzen. Auch die Wesen auf anderen Außenwelten machen es ebenso.

Vergewissern wir uns einmal folgende Situation. Da ist ein deutlicher Anstieg des Wasserspiegels zu erkennen. Viele Menschen registrieren das und überlegen, was jetzt zu tun ist. Die einen werden anfangen ihre Sachen zu packen, um sich aus der Gefahrenzone zu begeben. Die anderen werden ihre Boote vorbereiten, um im Falle einer Überflutung vor den Wassermassen sicher zu sein. Aber einige ignorieren die Gefahr und warten ab, was kommt. Sie bleiben ohne Angst, weil sie glauben, dass es nicht so schlimm kommen wird, wie die meisten befürchten.

Wer von all diesen Wesen reagiert nun richtig? Das ist schwer zu sagen, weil alle drei Gruppen im Falle des Eintreffens ihrer Vermutung richtig gehandelt haben. Aber nur eine kann richtig sein. Für zwei Gruppen waren die Befürchtungen umsonst. Das lässt uns zu folgender Schlussfolgerung kommen: Die Menschen reagieren nicht gleich auf Gefahren. Sie teilen sich auf in Vorsichtige, in Besserwissende und in Ignoranten. Und so ist es bei jeder Gefahrensituation. Wer aber von diesen drei Gruppen hat nun Recht? Die Antwort muss lauten, alle drei, weil jede dieser Situationen auch eintreffen kann. Aber nicht alle werden überleben. Zahlreiche Menschen werden wahrscheinlich sterben, wenn das Wasser alles überflutet. Oder sie werden alle überleben, wenn das Wasser nicht weiter steigt.

Wir erkennen also, dass die Entscheidung für das richtige Handeln eine sehr subjektive Angelegenheit ist.

Welche Vorteile haben nun die einzelnen Entscheidungen? Die erste Gruppe, die die Gefahrenzone verlassen hat, ist auf der sicheren Seite. Aber sie weiß nicht, ob im Falle einer Rückkehr alles noch so ist, wie es vorher war. Die zweite Gruppe ist auch auf der sicheren Seite, aber sie weiß auch nicht, ob sie alles wieder so vorfindet, wie sie es verlassen hat. Die dritte Gruppe schließlich ist der Gewinner oder Verlierer, da sie aufs Ganze geht.

Wer ist nun derjenige, der richtig gehandelt hat? Das sind diejenigen, die die größte Angst hatten. Das werden wir noch an weiteren Beispielen erfahren.

Zuerst möchte euch Gott erklären, wie Angst eigentlich entsteht. Die Angst ist aus entwicklungsgeschichtlicher Sicht eine Reflexhandlung, die jedem Wesen innewohnt. Wir können uns ihr nicht entziehen, auch wenn viele meinen, sie hätten keine Angst. Millionen Zellen in unserem

Körper arbeiten ständig Angsterlebnisse auf, um die Seele vor Überlastung zu schützen. Das geschieht, ohne dass der Geist das registriert. Die Ergebnisse werden über die verschiedenen Teilsysteme der Nervenbahnen abgespeichert und aktiviert. Wenn jetzt eine Situation entsteht, die auf eine der gespeicherten Wirkungen zutrifft, dann werden in den vielen Nervenbahnen Reize ausgelöst, die sofort in den Muskelzellen zur Anreicherung von Adrenalin führt. Das geschieht in Bruchteilen von Sekunden. Die anderen Nervenbahnen werden blockiert, vor allem die Nervenbahnen, die für die Verdauung notwendig sind. Diese werden über die sympathischen Nervenstränge aufgeteilt, so dass die gesamte Energie in die Muskelzellen fließt, die für die Flucht notwendig sind. So versuchen alle Lebewesen ihr Leben zu retten.

Warum aber bleibt in unserem Beispiel die eine Gruppe in der Gefahrenzone, während die anderen aus ihr flüchten? Das liegt daran, dass bei dieser noch keine entsprechenden Signale in den Nervenbahnen gespeichert sind. Diese müssen diese Erfahrung erst noch machen, um diese Gefahr einschätzen zu können.

Vor allem haben die Menschen noch weitere

Überlebensmechanismen entwickelt, um schneller aus Gefahrensituationen fliehen zu können. Denken wir an die Autos, Flugzeuge oder Hubschrauber, die vielen Menschen das Leben retten. Oder denken wir an Blutverdünner, die bei Herzinfarkten zum Einsatz kommen. All das verringert die Angst, in entsprechenden Situationen das Leben verlieren zu müssen. Z. Zt. haben die Menschen auch Vorkehrungen getroffen, um über Versicherungen im Falle eines Schadens für entstandene Verluste entschädigt zu werden. Auch das verringert das Angstpotential, das sich in der Gefahr verbirgt. Auch andere Gefahren werden gemildert durch die verschiedenen Veröffentlichungen in den Medien. Auf diese können sich dann die Menschen einstellen und Vorsorge treffen. Und schließlich werden durch gut ausgebildete Ärzte die tödlichen Gefahren vieler Krankheiten ausgemerzt. Das ist ein großer Fortschritt.

Aber das ist nur die eine Seite der Angst. Die andere Seite ist versteckt in den Daseinsformen der Menschen, die nicht erkannt werden, weil die Menschen sie nicht erkennen wollen. Auf diese können sich die Menschen nicht vorbereiten, weil sie sich nicht offen zeigen und im Verborgenen wirken. Persönliche Angewohnheiten werden zu Gefahren, die sich sehr langsam entwickeln und nicht unmittelbar das Leben bedrohen.

Diese Gefahren bedrohen aber alle Menschen, auch diejenigen, die glauben, dass ihnen keine Gefahr droht. Auch hier will Gott ein Beispiel anführen. Da beginnt ein Mensch sich auf der Arbeit mit dem Chef anzulegen. Das ist erst einmal nichts Besonderes, weil das tagtäglich geschieht. Wer das aber täglich tut, wird allmählich verspüren, dass es ihm immer schlechter geht. Er verliert auch die Lust an der Tätigkeit, die ihm vorher so viel Freude bereitet hatte. Aber immer öfter kommt es vor, dass er sich ertappt, wie er nachts von Albträumen geplagt wird, wie er schweißgebadet aufwacht, wie sich seine Verdauung verschlechtert oder sich sein Blutdruck erhöht. Alles das sind Reaktionen des Körpers auf die veränderte Situation in seinem Betrieb. Aber nun entsteht eine Gefahr für den gesamten Menschen und nicht nur für ein einzelnes Organ. Schon der Gedanke an die Arbeit löst jetzt eine ganze Kette von Reaktionen aus, die sich steigern werden, solange die Situation bestehen bleibt. Was sich jetzt im Körper abspielt, sieht folgendermaßen aus. Wesentliche Bereiche des Nervensystems werden überfordert und senden ständig Signale an den Geist, dass sich etwas ändern muss. Der Geist wiederum weiß nichts von diesen Signalen, weil er diese Signale nicht wirklich versteht. Er versteht nicht, dass die Albträume ein Hilferuf der Seele sind, nun endlich die Veränderungen einzuleiten, um endlich wieder einen normalen Schlaf zu gewährleisten. Aber der Geist reibt sich weiter täglich in der Arbeit auf und gerät dadurch immer tiefer in die Gefährdung seines Körpers. Was sollte jetzt geschehen? Der Mensch, der sich im Kreise bewegt, muss diesen Kreislauf beenden.

Die Menschen verbinden nun die Belastung mit dem schlechten Klima in der Firma und begreifen nicht, dass sie selbst die Ursache waren für die nun entstandene Gefahr für ihren Körper. Über diese Zusammenhänge hat sie bisher auch noch niemand aufgeklärt. Manche denken nun, sie müssten jetzt zum Arzt gehen, damit dieser ihnen ein entsprechendes Medikament verschreibt. Aber das wird nichts nützen, da ja die Ursache nicht erkannt wurde. Wenn nun der Mensch auf die innere Stimme hören könnte, dann würde er verstehen, dass er es ist, der sich ändern muss. Aber das hat ihm bisher keiner beigebracht.

Wir sehen also, dass die Gefahr der Selbstzerstörung weiterhin besteht und der Mensch sich daraus nicht selbst befreien kann.

Was ist demnach jetzt zu tun? Zuerst muss der Mensch sich verändern und auf den anderen Menschen zugehen. Wenn ihm das gelingt, dann beseitigt er damit die Gefahr für seinen Körper. Gelingt ihm das aber nicht, dann nimmt das Unglück seinen Lauf. Er wird immer mehr verfallen, bis er schließlich dieser Gefahr nichts mehr entgegen zu setzen hat und sterben wird.

Was sollen wir nun daraus lernen? Zuerst ist es wichtig zu verstehen, dass alles, was den Körper betrifft, vom Geist gesteuert wird. Wir können noch so viel am Körper herum doktern, wenn wir den Geist nicht reparieren. Weiterhin können wir daraus lernen, dass jede Krankheit heilbar ist, wenn wir die geistigen Ursachen erkannt haben. Das aber wollen die meisten Menschen nicht, weil es sie zwingen würde, auf andere Verhaltensweisen umzusteigen. Viele suchen dann die Ursachen in äußeren Erscheinungen und machen andere für ihr Unglück verantwortlich. Um diesen Menschen nun helfen zu können, müsste ein großer Helfer Gottes in Erscheinung treten, um die Menschen zur Veränderung ihres Verhaltens aufzufordern. Diese gibt es aber noch sehr wenige unter den vielen Menschen auf dieser Erde.

Was ist also zu tun?

An <u>erster Stelle</u> auf dieser Liste wäre eine veränderte Haltung des Menschen zu sich selbst zu nennen.

An <u>zweiter Stelle</u> steht eine veränderte Einstellung zu Gott.

An <u>dritter Stelle</u> wäre zu nennen eine veränderte Haltung zu seinen Mitmenschen und

an <u>vierter Stelle</u> eine veränderte Einstellung zu seinen Gewohnheiten.

Alles das zusammen kann den Menschen ein glückliches und gesundes Leben bereiten.

Die Angst als Weg

Die Angst als Weg führt uns jetzt tiefer in die Zusammenhänge der wirklichen Aufgaben der Seele in unseren Körpern.

Das Bewusstsein der Menschen wird gesteuert von vielen Aufgaben, die der Mensch zu bewältigen hat. Wir können mit unserem bewussten Handeln sehr viel bewegen und anderen Menschen Gutes tun, aber auch viel Schlechtes, was allen Menschen großen Schaden zufügen kann. Wir wollen eigentlich immer nur das Gute tun.

Wie kommt es aber dann, dass auf dieser Erde immer mehr Menschen in den Sog von schlechten Taten gezogen werden?

Besonders sind es solche Handlungen, die das Leben von Menschen und Tieren bedrohen und sogar vernichten.

Wir wollen das einmal aus der Sicht des Täters untersuchen. Warum greift er zu solchen Mitteln, wo er doch eigentlich nur Gutes will? Vor allem aber werden wir untersuchen müssen, welche inneren Zusammenhänge zwischen den Handlungen des Täters und der Angst bestehen. Tat und Angst stehen in einem direkten Zusammenhang.

Wie ist das zu verstehen? Schon im Tierreich versuchen die Stärkeren die Schwächeren unter ihre Kontrolle zu bringen. Damit beherrschen sie eine große Gruppe ihrer Artgenossen und bestimmen die Auswahl der zur Vermehrung vorgesehenen Tiere. Das ist etwas, was den Bestand der Tiere sichert. Das ist auch gut so, denn ansonsten würden sich die Schwachen vermehren, die sich aber im Kampf mit den anderen Tieren und mit den Umweltgefahren nicht durchsetzen könnten. Deshalb ist diese Form des Herrschens von Gott so bestimmt worden.

Bei den Menschen ist das anders. Aber dieser Trieb, beherrschen zu wollen, ist noch in jedem Menschen erhalten geblieben. Aber der Unterschied besteht darin, dass nicht nur die Stärksten und Befähigtsten bestimmen, sondern auch diejenigen, die diese Voraussetzungen zum Beherrschen nicht besitzen. Diese versuchen nun mit anderen Mitteln eine beherrschende Position zu erlangen, um Menschen auf ihre wahrscheinlich schlechte Seite zu ziehen. Das geschieht mit zahlreichen gefährlichen Aktionen, die anderen Menschen Schaden zufügen können. Wer das tut, der schadet nicht nur sich selbst, sondern vielen anderen Menschen. Auch sinnt dieser Mensch nicht nach dem Wohl aller Menschen, sondern ist nur auf sein eigenes Wohl bedacht. Auch vernichtet er solche seiner vermeintlichen Gegner, die eigentlich das Gute auf der Erde erhalten wollten.

Wir erkennen also, dass es einen Zusammenhang gibt zwischen der Schwäche der Menschen und ihrer Angst zu unterliegen. Sie versuchen aus dieser Angst zu entfliehen, indem sie ihre Gegner vernichten. Das geschieht nicht immer dadurch, dass diese Gegner körperlich vernichtet werden, sondern indem man sie mit den verschiedensten Methoden unterdrückt. Das geschieht mit Vernichtung, das geschieht mit Verfolgung, das geschieht mit Folter, mit Diskriminierung und Totschweigen.

Aber warum verbirgt sich dahinter Angst? Angst ist immer Existenzangst. Das erkennen wir an den Methoden gegen die Gegner. Sie versuchen ihre Gegner total auszuschalten, weil sie Angst vor der eigenen Unzulänglichkeit haben. Wirkliche Angst entsteht, wenn der Mensch sich in seiner Existenz bedroht sieht. Dabei geht es nicht immer nur um das nackte Leben, sondern auch um den Besitz, den Arbeitsplatz, die Verbindungen zu anderen Menschen, aber auch die Vernichtung der Gesundheit durch eine lebensbedrohliche Krankheit.

Was geschieht im Körper, wenn diese Angst auftritt? Der Körper zieht sich zurück, als wolle er sich verstecken. Er tut so, als ob die Gefahr an ihm vorüber zieht. Und wenn sich die Situation geklärt hat, dann wird er sein Versteck wieder verlassen. Das ist zwar ein Trugschluss, bewirkt aber erst einmal eine Beruhigung im Körper. In Wirklichkeit aber engt sich in den Blutgefäßen der Durchfluss ein und weniger Blut kommt in die Arterien des Herzens. Das führt zum Durchflussstau in den Kammern und damit zu Herzschmerzen. Der Mensch fasst sich ans Herz und ist bewegungsunfähig. Auch kommt es in solchen Fällen zu einem Herzversagen. Die betroffenen Menschen versuchen jetzt, diese Enge dadurch zu überwinden, indem sie sich die Kleider öffnen, um besser atmen zu können. Aber es bleibt der Schmerz und die Bewegungsunfähigkeit. Wie ist diesen

Menschen zu helfen? Keine medizinische Maßnahme wird das Problem lösen können, lediglich die Wirkungen mildern, weil die Ursache nach wie vor besteht. Diese Situation ist nahezu ausweglos und kann erst dann bereinigt werden, wenn der Widersacher vernichtet wird.

Wenn aber der Widersacher nicht vernichtet werden kann, dann wird sich die Angst aufstauen und zurück bleibt ein dauernder Angstzustand, der sich in eine chronische Krankheit verwandeln wird.

Unser Beispiel zeigt, dass der Mensch vor allem einen Ausgleich braucht, um wieder in eine wirkliche Ruhe mit sich selbst zu kommen. Was aber nicht bedeutet, dass derjenige auch in der Lage ist, diese Ruhe in sich herzustellen. Es bleibt also eine stetige Angstsituation in den Zellen gespeichert. Der Mensch ist mental immer auf der Flucht. Er kann sich aus dieser Situation nicht allein befreien. Dadurch bleibt der Zustand der ständig verengten Arterien in seinem Herzen erhalten. Auf die Dauer wird das sein Körper nicht aushalten. Er rebelliert dagegen mit ständig wiederkehrenden Attacken auf seine Gesundheit. Schließlich wird er diesen Kampf verlieren, weil kein Mensch in der Lage ist, sich aus diesem Kreislauf allein zu befreien. Vor allem wird er das nicht einsehen. Im Gegenteil, er wird die Situation noch dadurch verschlimmern, indem er den Gegner weiter unter Druck setzt. Auch die Gegner werden nicht ruhen, bis dieser Störenfried endlich vernichtet ist. Also sehen wir, dass sich der Konflikt ständig verschärft.

Wie ist aus dieser Spirale der permanenten Konfrontation nun der richtige Ausweg zu finden? Wir versuchen das einmal zu entflechten.

1. Die Konfliktparteien stehen sich unversöhnlich gegenüber. Sie haben beide keine geeigneten Mittel zur Lösung dieses Konflikts. Auch unterlassen sie es, Maßnahmen der Deeskalation einzuleiten und heizen dadurch die Situation immer weiter an.

2. Die Parteien bieten ihren Gegnern keine Chance, sich aus dem Konflikt zu befreien. Im Gegenteil, sie tun alles, damit der Gegner im Ring bleibt. So kann keiner das Schlachtfeld verlassen.

3. Beide Gegner beurteilen die Situation genau unterschiedlich. Jeder fühlt sich im Recht. Das macht alles noch viel schlimmer und stabilisiert das Problem.

4. Auf beide Parteien kommt hinzu, dass sie physisch nicht stark genug sind, um einen solchen Konflikt auf Dauer aushalten zu können. Sie beginnen, an diesem Konflikt körperlich zu zerbrechen, bis eine Seite aufhört zu existieren. Dann ist zwar das Problem nicht aus der Welt, aber der Konflikt.

Die weitere Entwicklung vollzieht sich jetzt so, dass der Unterlegene, aber Überlebende einen Versuch unternimmt, weitere wütende Teilnehmer an diesem Kampf zu unterdrücken, bis sie aufhören, über den Unterlegenen herzufallen. Wenn der Überlegene überlebt, dann wird der Kampf beendet sein, weil die anderen die Kampfhandlungen einstellen. Dann wird Frieden sein zwischen den Kampfhähnen, bis wieder ein Verlierer beginnt, die Säbel zu wetzen.

Das ist ein ewiger Kampf zwischen starken und schwachen Wesen. Aber was hat das mit Angst zu tun? Das zu verstehen möchte ich an einem weiteren Beispiel erläutern.

Jeder Mensch will, dass es ihm gut geht. Tausende Menschen geben dafür jeden Tag ihre ganze Kraft her, um dieses Ziel zu erreichen. Aber nicht jeder hat so viel Kraft, um aus eigener Leistung Reichtum zu erlangen. Daher ist er gezwungen sich

Menschen gefügig zu machen, die ebenfalls nicht aus eigener Kraft zu Reichtum kommen können. Diesen gibt er nur so viel an Mitteln, dass sie überleben können. Den Überschuss streicht der Besitzer dieser Arbeitskräfte ein. So entsteht eine Abhängigkeit, die auch heute noch die übliche Praxis zwischen den Menschen ist, aber mit dem Unterschied, dass die Menschen, die die Mittel besitzen, nicht mehr arbeiten, sondern herrschen. Dadurch entsteht ein ganz anderes Verhältnis der Menschen untereinander. Die einen haben alles, die anderen haben nichts. Sie sind mit ihrer gesamten Existenz an den Besitzenden gebunden und können sich daraus nicht befreien. Das macht den Menschen Angst. Sie sind gefangen in ihrer Existenz.

Wie reagiert darauf der Körper des Menschen? Der Körper versucht erst einmal weiter nichts zu tun, als sich mit der Situation abzufinden, weil es allen Menschen so ergeht. Das ist die Bestätigung eines normalen Zustandes. Auf keinen Fall birgt dieser Zustand ein Gefahrenpotential in sich, da es allen Menschen so geht. Erst wenn diese Normalität abrupt unterbrochen wird, wird das Angstpotential sichtbar. Die Menschen fühlen sich dann isoliert wie ein Sonderling, der sich verirrt hat und keinen Ausweg findet. Was der Körper jetzt empfindet ist Angst vor der Existenzunsicherheit. Das ist ein Ausdruck der weiteren Belastung des Nervensystems. Der Betroffene versucht sich erst einmal fern zu halten von anderen Menschen, um die Ruhe zu gewinnen für das eigene Sich-Vertrauen.

Tausende Menschen haben das gleiche Problem. Sie finden aus diesem Kreislauf nicht heraus und müssen nun versuchen, ihre Probleme mit sich zu klären. Das sieht dann so aus, dass sie vor allem das Problem in sich hinein ziehen und nicht offen sind für alternative Lösungen. Z.Zt. aber wird den Menschen eingeredet, dass all ihre Probleme nur ein Ausdruck individueller Schwäche seien. Das ist aber nicht wahr. Die inneren Probleme sind Ausdruck der äußeren Verhältnisse, in denen die Menschen aufgewachsen sind und in denen sie schon lange leben. Wer kann dann schon von sich aus erkennen, dass diese Probleme äußere Probleme sind, die sich jetzt im Inneren entfalten. Der Körper, der aber schon lange mit dieser Situation konfrontiert war, ist allmählich an die Grenze seiner Belastbarkeit angekommen. Er beginnt den entscheidenden Abwehrkampf und erklärt dem Menschen den Krieg.

Wir erkennen, dass besonders die schwachen Menschen diesem Kampf ausgesetzt sind und wahrscheinlich diesen

Kampf auch verlieren werden. Richtig wäre jetzt, wenn der Mensch sich von allem lösen könnte, was diesen Kampf ausgelöst hat. Aber er versucht jetzt, mit Abwehrmaßnahmen diesen Kampf aufzunehmen. Das erfolgt mit wesentlich schwächeren Mitteln als diejenigen seines Kontrahenten. Was wird wohl das Ergebnis sein? Wir erraten es. Der Mensch unterliegt. Die Täuschung, der der Mensch unterlegen ist, war vor allem seine Unfähigkeit, die Stärke seines Gegners zu erkennen.

Wir wollen einmal auflisten, welche Kampfmittel beide Seiten besitzen. Der Körper hat ein intaktes Abwehrsystem, das ihm erlaubt, alle Angriffe abzuwehren. Auch verfügt der Körper über langjährige Erfahrungen im Kampf mit solchen Gegnern. Der Mensch führt dagegen diesen Kampf zum ersten Mal und verfügt auch nicht über die Erfahrungen, diesen Kampf zu führen. Vor allem hat er schon zu Beginn des Kampfes keine ausreichenden Mittel für einen Sieg.

Wie sieht das nun alles praktisch aus? Der Mensch vermutet, dass er irgendeine Krankheit bekommen hat, die er versucht, mit den üblichen Mitteln zu kurieren. Aber das gelingt nicht. Er unternimmt nun weitere Versuche, die Krankheit zu besiegen. Auch diese bleiben wirkungslos. Was geschieht jetzt? Er begibt sich in die Hände der Ärzte. Diese tun alles, was sie über die Krankheit bisher erfahren haben und leiten entsprechende Maßnahmen ein. Der Mensch schöpft Hoffnung und vertraut dem Können der Ärzte. Das ist auch richtig und führt zu einer gewissen seelischen Beruhigung. Aber diese ist nur von kurzer Dauer. Diesen Scheinfrieden macht der Körper nicht mit. Allmählich unternimmt er weitere Angriffe, die den Menschen völlig unvorbereitet treffen und ihm die gewonnene Hoffnung wieder rauben gesund zu werden. Jetzt geht der Kampf in die nächste Runde. Alles beginnt von vorn. Nur der Gegner setzt jetzt stärkere Waffen ein, die ihre Wirkung nicht verfehlen. Der Mensch wird jetzt in seiner Angst auch versuchen, stärkere Abwehrmaßnahmen einzuleiten, aber es sind bereits Rückzugsgefechte. Der Mensch ist jetzt ernsthaft gefährdet und erkennt, dass seine physische Existenz angegriffen wird. Jetzt wird aus Angst Panik. Er versucht jetzt, weitere Attacken mit hektischen Versuchen abzuwehren, was ihm aber nicht gelingt. Der Mensch wird jetzt in eine verzweifelte Situation geraten, die ihn zwingt, endlich Wege zu finden, die wirklich zum Erfolg führen.

Die Angst als Weg aus der Krise

Das ist eine Aufgabe, die der Mensch nicht allein bewältigen kann. Wir wollen uns das wieder an einem Beispiel verdeutlichen.

Da ist ein Mensch, der wartet auf seine Heilung. Er weiß aber nicht, wie er geheilt werden kann. Deshalb wendet er sich an verschiedene Ärzte, die ihm aber alle nicht helfen können, weil die Ursache keine organische ist. Trotzdem werden ihm viele Mittel verabreicht, die ihm viele Beschwerden verursachen. Was bleibt ihm übrig als zu verzweifeln.

Da begegnet er einem Menschen, der ihm erklärt, dass es für

ihn eine grandiose Lösung gibt. Aber er muss genau befolgen, was ihm gesagt wird. Das ist nun gar nicht so einfach für einen Menschen, der bisher alles selbst entschieden hat. Dennoch willigt er ein und überlässt sich ganz der Betreuung durch den lieben Menschen. Sehr zum Erstaunen unseres Kranken, rät dieser ihm nichts zu tun. Das war eine wichtige Erkenntnis, wahrscheinlich die wichtigste in seinem Leben überhaupt, alles loszulassen. Aber wie kann man etwas loslassen, was man gar nicht in den Händen hält? Das ist der entscheidende Punkt in dieser Behandlung. Denn das, was man loslassen soll, hält man im Geistigen fest. Doch da muss man erst einmal erkannt haben, was man festhält. Der beste Weg zur Erkenntnis ist die Selbsterkenntnis. Der außergewöhnliche Vorschlag des Helfers hat bei dem Betroffenen erst einmal Erstaunen ausgelöst. Er kann damit noch nichts Richtiges anfangen. Deshalb wartet er, was jetzt geschieht. Aber es geschieht nichts, weil er selbst nichts tut. Eigene Aktivitäten entwickelt er nicht. Dadurch wird alles noch schlimmer. Auf die Frage, warum das so ist, antwortet der Helfer mit einem tiefen Seufzer. Damit kann nun der Kranke schon gar nichts anfangen. Er verfällt noch mehr in Resignation. Auch die neue Methode scheint bei ihm nicht anzuschlagen, weil der Helfer auch nicht weiter weiß, was zu tun ist. Aber eines ist erst einmal wichtig, dass der Kranke zur Ruhe gekommen ist und sich nicht weiter mit seiner Krankheit beschäftigt. Nur eine Lösung seiner Probleme ist das nicht.

Was muss jetzt weiter geschehen? Der Kranke wird erkennen müssen, dass er selbst etwas tun muss, um das Problem zu lösen. Vor allem wird er sich mit wahren Freunden zusammensetzen müssen, die ihm erklären, dass er die eigentliche Ursache der Probleme ist. Das ist für den Betroffenen erst einmal ein Schock, denn bisher hatte er die Ursache seiner Probleme immer außerhalb seiner Person gesucht. Jetzt muss er an der Ursachenfindung ehrlich arbeiten und nicht mehr nach außen schauen. Was soll das bewirken? Auf den ersten Blick bedeutet das, dass er feindliche Gefühle gegen andere Menschen ablegt. Wahrscheinlich wird das eine ganze Weile dauern, bis er das überhaupt kann. Dann muss er sich bemühen, den anderen zu verstehen, warum dieser so gehandelt hat. Auch das ist eine sehr schwierige und dauerhafte Angelegenheit. Aber auch das schafft er schließlich. Weiter wird er jetzt anfangen müssen, bei sich selbst nachzufragen, warum er auf diese Situation so reagiert hat. Auch das ist nicht einfach, denn das erfordert, ehrlich und aufrichtig sich selbst gegenüber zu sein. Das hat er aber nie gelernt. Über die ganze Zeit seines Lebens war er immer davon überzeugt, dass es die anderen sind, die

die Fehler begehen. Jetzt ist die Situation eine andere. Denn denen, von denen er glaubte, dass sie die Täter sind, geht es gut, aber ihm, der doch eigentlich im Recht ist, geht es schlecht.

Aus diesem Dilemma muss er jetzt herausfinden. Das gelingt ihm wiederum nicht allein. Hier braucht er echte Freunde, die das erkannt haben und auch offen und ehrlich zu ihm sind. Das waren sie bisher auch schon, aber der Kranke war nicht bereit das zu akzeptieren. Er glaubte immer, sie würden für den anderen Partei ergreifen. Nun, da er jetzt aber offen ist für diese Selbsterkenntnis, fallen auch die Ratschläge der Freunde bei ihm auf fruchtbaren Boden. Allmählich stellt sich eine Besserung seines Zustandes ein, und er kann jetzt mit einem ganz anderen Lebensgefühl die Alltagsprobleme bewältigen. Auch die Beziehung zu seinem vermeintlichen Gegner kann er jetzt normalisieren.

So kann nahezu jede Art der Belastung behandelt werden. Was geschieht jetzt eigentlich in unserem Körper? Unser Körper vollzieht eine Kehrtwendung von der Einengung der Arterien zur Öffnung. Das Blut kann wieder frei fließen. Die Unterversorgung ganzer Bereiche wird allmählich aufgehoben. Aus dem kranken Menschen wurde ohne Medikamente ein gesunder Mensch.

Die Angst als Ausweg

Wie kann Angst ein Ausweg sein?

Das ist auch gar nicht die richtige Frage. Die Frage müsste eigentlich so lauten: Wie kann die Angst einen Menschen davor bewahren, etwas wirklich Ungutes zu tun? Das ist eine wichtige Frage, wenn man sich überlegt, wie viel wirklich schlimme Dinge auf dieser Welt geschehen, vor allem auf dieser Erde. Warum tun die Menschen das, obwohl sie wissen müssten, dass das, was sie tun, anderen Menschen schadet. Warum haben sie keine Angst, dass sich die Geschädigten an ihnen rächen werden? Warum tun sie dasselbe immer wieder, auch wenn sie dabei Gefahr laufen, selbst zu den Opfern ihres Tuns zu gehören? Auf diese Frage wird Gott jetzt sehr ausführlich eingehen. Kaum ein Mensch will, dass es ihm schlecht geht. Kaum ein Mensch will, dass andere durch ihn Schaden erleiden. Warum ist das so? Weil die Menschen in sich ein Gespür für das Unrecht haben. Das schützt sie und taucht sie in ein Umfeld der Nächstenliebe. Auch die Tiere haben ein solches Gespür. Aber warum wird dieses Gespür so vollständig ausgeschaltet?

Wenn wir uns die heutige Zeit ansehen, dann sehen wir überall nur Dinge, die uns schaden. Bleiben wir einmal bei der Ernährung. Was essen die Menschen hauptsächlich? Vor allem ist es Fleisch. Vor vielen Jahren haben die Menschen kein Fleisch gegessen, weil es auch andere Stoffe gab, die die Menschen zu sich nehmen konnten, um satt zu werden. Das waren vor allem wild wachsende Pflanzen, Gemüse und Obst. Die Menschen waren gesund und leistungsfähig. Allmählich setzte es sich aber durch, dass die Menschen vor allem Fleisch der Tiere aßen und weniger die anderen Stoffe. Auch haben die Menschen aus anderen Stoffen Nahrungsmittel hergestellt, die die natürlichen wesentlichen Nahrungsmittel verdrängten. Es ist heute so, dass alle Menschen sich daran gewöhnt haben, dass es ganz natürlich ist, sich so zu ernähren.

Aber welchen Preis müssen die Menschen dafür zahlen? Auch stellt sich keiner mehr die Frage, ob das überhaupt der Körper verträgt oder nicht. Es wird einfach gegessen, weil es alle tun. Diejenigen, die es anders machen, gelten als Außenseiter und werden sogar verspottet. Viele Menschen wissen nicht, dass ihr Körper überhaupt kein Fleisch verträgt. Der Körper wehrt sich dagegen vom ersten Bissen an und gibt laufend Signale an den Geist, damit aufzuhören. Die Menschen aber verstehen diese Signale nicht oder deuten sie falsch.

Überlegen wir einmal, wie sich der Körper wehrt. Viele auf der Erde haben Probleme mit ihrer Verdauung, weil das Fleisch bei der Aufspaltung in die einzelnen chemischen Bestandteile anfängt zu faulen. Diese Giftstoffe kann der Körper nicht vertragen. Er versucht sie auf die verschiedenste Art und Weise los zu werden, auch über den Darm. Aber der Darm will diese Stoffe nicht aufnehmen und lässt sie deshalb im Darm liegen. Dort verfaulen sie und produzieren laufend Giftstoffe. Auf die Dauer hält das der Darm nicht aus. Er beginnt, sich auf eine andere Art von diesen Stoffen zu befreien. Er verdoppelt auf beiden Seiten der Darmwand die Reibungsfläche, um die Giftstoffe so schnell wie möglich auszuscheiden. Das aber führt dazu, dass wichtige Stoffe, die länger im Darm verweilen müssten, auch zu schnell mit ausgeschieden werden. Der Körper ist dadurch mangelhaft versorgt, obwohl der Mensch ausreichend auch gute Nahrungsmittel zu sich genommen hat. Der Körper reagiert dadurch mit Ausfallerscheinungen und wird dadurch allmählich geschwächt. Unser überstrapaziertes Darmsystem wird mit der Zeit so geschwächt, dass es allmählich langsamer wird und Schwierigkeiten bekommt, die Giftstoffe schnell auszuscheiden. Dadurch bleiben diese länger im Körper, als es der Körper verträgt.

Was geschieht jetzt? Der Darm legt die Giftstoffe in eigenen Kammern ab und verkapselt sie. Das nennen wir dann Darmzysten. Diese bleiben aber nicht inaktiv, sondern leben ein eigenes Leben. Sie verbrauchen dabei sehr viel Energie, die dem Darm entzogen wird und bei der Verdauung fehlt. Das hat jetzt wiederum Auswirkungen auf alle anderen Körperfunktionen. Der Körper wird insgesamt geschwächt.

Was unternimmt nun der Mensch, der diese Symptome an sich feststellt? Zuerst einmal gar nichts, weil er den Zusammenhang nicht erkennen kann. Aber er handelt trotzdem, aber nicht zur Änderung der Situation, sondern zu ihrer Verschlimmerung. Das ist nun das Gegenteil von Heilung, weil die Verschlimmerungen sich nicht mehr nur am schlimmen Stuhlgang zeigen, sondern an ganz anderen Stellen des Körpers, die anscheinend in keinem Zusammenhang mit dem Fleischkonsum stehen. Der Körper fängt an zu riechen und zu schwitzen, weil die Giftstoffe auch durch die Haut ausgeschieden werden. Die Füße fangen an zu schweißen und verbreiten einen üblen Geruch. Auch die Mundschleimhaut wird abgebaut. Dadurch können die Fäulnisbakterien nicht wirksam bekämpft werden und der Mundgeruch verschlechtert sich.

Das sind die äußeren Zeichen. Im Inneren verschlechtert sich auch einiges. Da ist zuerst der Säure-Basen-Haushalt nicht mehr in der Balance. Das merken die meisten überhaupt nicht. Deshalb unternehmen sie auch nichts dagegen und lassen der Zerstörung freien Lauf. Der Mensch übersäuert. Das, auf die Dauer gesehen, zerstört wichtige Gewebeteile im Körper. Die Menschen spüren das an ihren Knorpeln. Da die Säuren aus der Fleischverdauung im Magen nicht ausreichend neutralisiert werden können, wandern diese über das Blut in solche Gewebeteile, die nicht durchblutet werden. Dort zerstören sie die Knorpelmasse und verursachen Arthrose. Da dieser Prozess der Zerstörung schleichend ist, erkennen die Menschen diesen Zusammenhang nicht. Und wenn sie ihn erkannt haben, sind sie dennoch nicht bereit, ihre Ernährungsgewohnheiten zu ändern.

Also haben wir hier eine Angstursache aufgedeckt, die veränderbar ist. Auch die anderen Gewohnheiten der Menschen wollen wir einmal betrachten. Viele Menschen wollen Süßes zu sich nehmen. Das gehört heute zum normalen Leben einfach dazu. Überall ist heute Zucker enthalten. Aber der Körper braucht überhaupt keine zusätzlichen Zuckergaben. Er produziert die Glukose selbst aus den natürlichen Lebensmitteln. Wenn jetzt ständig Zucker zugesetzt wird, dann muss der Körper diesen Zucker abbauen. Der Zucker muss in den Zellen zu Glukose umgebaut werden, und wird dann in Stärke und Fett verwandelt. Die Menschen schenken diesem Prozess viel zu wenig Aufmerksamkeit. Sie glauben, dass das bisschen Zucker, das sie täglich zu sich nehmen, keinen großen Schaden anrichtet. Das ist aber ein viel beobachteter Irrtum. Der Zucker setzt die Arterien in Form von Fettablagerungen zu. Vor allem die Herzkranzgefäße. Das führt, wie alle wissen, zu schweren Schädigungen des Herzens.

Warum ist das so? Weil die vielen Zuckerbelastungen vom Herzen nicht verarbeitet werden können. Schließlich kann das bis zum Herzversagen führen. Wir warnen deshalb ernsthaft vor dem Verzehr von Zucker in jeder Form.

Das ist aber immer noch nicht der schlimmste Feind der Menschen. Der schlimmste Feind ist der sogenannte Stress. Das betrifft heute alle Menschen in den vielen Tausend Wohnungen auch in Deutschland. Auch in den Betrieben nimmt der Stress zu. Das bewirkt, dass die Menschen sich nicht mehr wirklich frei bewegen können, weil sie dem ständigen Druck nicht mehr gewachsen sind, der von oben auf sie ausgeübt wird. Auch haben manche Menschen keine Möglichkeit, sich vor diesem Druck zu schützen. Sie haben nur die Wahl, entweder die Arbeitsstelle zu verlassen und sich dadurch finanziell zu verschlechtern, oder sie ertragen diese Situation. Aber diese Situation macht sie anfällig gegenüber vielen Krankheiten.

Was geschieht in ihrem Körper bei einer solchen Stresssituation? Die Arterien ziehen sich zusammen und verengen damit den Blutdurchfluss. Das führt zu einer Unterversorgung großer Teile des Körpers. Auch finden viele Menschen in dieser Situation nicht den Mut, sich anderen Menschen zu offenbaren. Sie fressen das alles in sich hinein und verschlimmern damit ihren Zustand. Das macht weiterhin viele Beschwerden auf der vielbeschworenen Ebene der nervlichen Erkrankungen.

Alles das zusammen verträgt der Körper nicht sehr lange. Er wird auch versuchen, sich aus dieser Situation zu befreien, indem er einfach abschaltet, um sich selbst die notwendigen Zeiten der Ruhe zu schaffen.

Wir sehen also an diesen drei Beispielen, dass sich der Mensch sein Befinden selbst erschafft. Auch können wir erkennen, dass all diese wirklich ernsten Erkrankungen etwas mit Angst zu tun haben. Die Menschen sind einer Gefahr ausgesetzt, aus der sie sich nicht selbst befreien können. Sie brauchen Hilfe. Aber wo sollen sie Hilfe her bekommen, wenn alle diese drei Dinge zur Normalität des Lebens gehören, in der sie einerseits hineingeboren wurden und darin auch aufgewachsen sind?

Der Mensch zeigt wenig Bereitschaft, selbst etwas zu verändern. Das muss jetzt von außen geschehen. Wir können den Menschen nur raten, sich mit solchen Menschen zu verbinden, die eine andere Lebensweise pflegen.

Die Angst als Liebesentzug

Das ist jetzt ein Thema, das viele nicht gleich verstehen werden. Was hat Angst mit Liebe zu tun? Dabei ist doch eines klar, dass Menschen die Angst haben, wenig nach außen abgeben. Sie engen sich ein und versuchen, alles an sich vorbei ziehen zu lassen. Das verschlimmert alles, denn eine Lösung ist das nicht. Die Zeit heilt keine Wunden dieser Art. Wir müssen jetzt erklären, warum Angst und Liebe zwei Seiten derselben Medaille sind. Das ist nicht so einfach, da Liebe auch immer Nächstenliebe ist. Wenn sich ein Mensch einkapselt, dann kann er nicht nach außen wirken und auch wenig Liebe geben.

Nehmen wir auch hier ein Beispiel.

Da ist eine Frau, die sich in allen Lebenssituationen überlegen zeigt. Sie ist in sich zufrieden und ausgeglichen. Nichts bringt sie aus ihrer Ruhe und Gefasstheit. Auch in ihrer Beziehung zu anderen Menschen ist sie offen und aufgeschlossen. Alle Menschen lieben und achten sie und sie gibt diese Liebe auch wieder zurück. Aber jetzt bekommt sie die Diagnose einer der vorher beschriebenen Krankheiten. Plötzlich steht sie vor einer völlig neuen Situation. Sie erkennt, dass jetzt plötzlich etwas in ihr Leben eingreift, das sie nicht sehen kann und das sich überhaupt nicht ansprechen lässt. Es ist einfach da. Vor allem verursacht es Schmerzen, die sie nicht selbst beheben kann. Jetzt taucht zum ersten Mal Angst auf. Eine Angst, die alles in ihrem Leben verändert.

Aus der lieben und netten Frau, wie sie alle kannten, wird auf einmal eine zurückgezogene und schweigsame Frau, die auch die Kontakte, die sie bisher hatte, nicht mehr in dem Maße pflegt. Das engt sie noch mehr ein. Die Hoffnung auf Besserung ihrer Situation schwindet in dem Maße, wie die Ärzte, die sie konsultiert, ihr keine Heilung versprechen und ihr auch keine Gewissheit geben können, dass es besser wird. Auch die Beziehungen zu anderen Menschen hören faktisch auf. Verbindungen, die lange Zeit stabil waren, brechen auseinander, weil sie auch nicht mehr an allen Zusammenkünften teilnehmen will. Das ist für sie eine zusätzliche Belastung sehen zu müssen, wie die anderen ungezwungen und ohne Belastung ihr Leben genießen. Aus der lebenslustigen Frau ist eine einsame und kranke Frau geworden.

Was ist jetzt zu tun?

Da die Krankheit sich immer weiter durch ihren Körper frisst, wird auch ihr seelischer Zustand immer schlimmer. Die Liebe, die sie einst versprühte, kann sie nicht mehr geben und zieht sich weiter in ihr Schneckenhaus zurück. Die Menschen aus ihrer Umgebung haben keine Ahnung, was da geschehen ist. Sie versuchen in sie einzudringen, um ihr helfen zu können. Aber es ist aussichtslos, weil sie sich schämt, ihre Probleme nach außen zu kehren. Das verschlimmert die Situation noch zusätzlich.

Dennoch gibt es eine Lösung. Unterhalb ihres Bewusstseins ist eine andere Dimension, die ein Abbild ihres gesunden Körpers gespeichert hat. Das ist abrufbereit, aber sie muss es wissen, dass es so etwas gibt. Wenn sie das erkannt hat, dann muss sie diese Botschaft abfordern und über ihre jetzige Situation legen.

Wie muss sie das tun? Das ist eigentlich ganz einfach. Wenn sie sich in die Ruhe begibt und beginnt, die Vorstellung in sich aufzubauen, dass sie einen gesunden Körper hat, dann beginnt das Krankheitsmuster allmählich an Kraft zu verlieren. Das klingt so einfach, dass man sich fragen muss, warum es überhaupt noch kranke Menschen gibt. Die Menschen verstehen den Zusammenhang zwischen Körper, Geist und Seele zu wenig. Sie glauben, dass alles nur von außen geheilt werden kann. Das ist aber ein Trugschluss, dem nahezu alle Menschen verfallen.

Wir wollen das auch wieder an einem Beispiel verdeutlichen. Ein Mensch kann solange die Luft anhalten, bis der Sauerstoff verbraucht ist. Dann muss er wieder atmen. Aber wenn er das unterlässt, wird er sterben. Deshalb wird jeder Mensch sofort wieder Luft holen, wenn die Not am größten ist. Das geschieht automatisch und kein gesunder Mensch achtet darauf. Was geschieht hier eigentlich? Der Mensch ruft neue Energien und tauscht sie aus mit verbrauchten Energien. Das ist das Geheimnis von Heilung. Wir tauschen einfach Unbrauchbares mit Brauchbarem aus. Das muss den Menschen dauernd gesagt werden, dass es bei der Heilung um den Austausch von Energien handelt.

Wir können das auch noch an einem anderen Beispiel verdeutlichen. Ein Mensch leidet an Krebs. Das ist eine schlimme Situation. Aber auch hier haben wir es mit Energien zu tun, die die Zellen veranlassen, sich anders zu teilen als alle anderen Zellen. Der Mensch weiß das nicht, weil ihm das keiner erklären kann. Deshalb versucht er alles Mögliche, um diese Störung in seinem Körper los zu werden. Aber was tut er? Er findet keine vernünftige Lösung und verfängt sich in einem Netz von sich widersprechenden Angeboten. Die einfache Lösung ist die, dass der Mensch die verbrauchten Energien dieser Zellen austauscht mit einer Energie, die höher schwingt als die der verbrauchten Zellen. Wie soll er das machen? Ganz einfach. Er begibt sich in die Ruhe und ruft Gott um Hilfe. Dieser Ruf aktiviert die heilenden Energien im Körper des Kranken und ersetzt die entarteten Zellen. Viele Menschen, die Gott wirklich lieben, wissen das. Viele wenden sich auch an die Helfer Gottes und bitten um Heilung. Das ist auch richtig und hat die gleiche Wirkung. Aber er muss es tun. Es ist wirkungslos, wenn sich der Kranke nur hinsetzt und betet. Das ist kein Rufen. Auch ist es wirkungslos, wenn der Kranke Bilder von Heiligen auflegt, die von diesen nicht mit Heilenergie aufgeladen wurden. Wer Gott wirklich liebt, der verbindet sich mit Gott und ruft Gott. Auf jeden Fall wird Gott demjenigen die Heilung zukommen lassen, der Gott liebt.

Die Angst als Weg zu Gott

Die Angst als Weg zu Gott ist ein kurioses Thema. Denn wie kann Angst etwas mit Gott zu tun haben, wo Angst doch das Gegenteil von Liebe ist? Dennoch kann Angst einen direkten Zugang zu Gott öffnen. Wie soll das funktionieren? Wenn ein Mensch sich voller Angst an Gott wendet, dann wird Gott ihn erhören und nach einer Lösung suchen. Wichtig ist aber auch, dass der Mensch eine Lösung will.

Auch hier wollen wir ein Beispiel anführen. Ein Mensch will sich aus der Umarmung der finsteren Mächte befreien. Was sind die finsteren Mächte? Das sind mächtige Gruppierungen von Menschen, die alles haben und die ihre Macht dazu missbrauchen, um anderen Menschen ihren Willen aufzuzwingen. Das erzeugt eine große Angst unter den Menschen, weil die Menschen diesen Mächten ausgeliefert sind und allein zu schwach sind, um sich dagegen wehren zu können. Der einzelne Mensch ist diesen Verbrechern ausgeliefert und hat keine entsprechenden Mittel, um sich dagegen zu wehren. Er will sich aber nicht dem Diktat dieser Kräfte unterwerfen. Dadurch entsteht in ihm ein völliges Abwehrverhalten gegen alles, was von diesen Kräften kommt. Er will sich aber seine Freiheit bewahren und unternimmt Abwehrversuche, die aber keine Veränderung bewirken, weil sie lediglich eine Einzelaktion darstellen. Daraus erkennt er die angebliche Ausweglosigkeit seiner Aktion und beginnt zu resignieren. Diese Resignation wiederum führt zu einer wiederholten Angst vor allen Erscheinungen der Mächte der Finsternis. Das treibt ihn schließlich in die Arme aller möglichen Gruppen, die glauben, mit fertigen Programmen das System ändern zu können. Das macht ihn noch ängstlicher, aber auch gewaltbereiter. In dieser Situation muss er sich entscheiden. Er weiß aber nicht wie. Deshalb ergreift er die Flucht nach innen und verschafft damit den Mächten der Finsternis einen Sieg. Dadurch wird sein Widerstand gebrochen. Der Mensch gibt sich geschlagen und duldet nun alles, was diese Menschen tun.

Aber wenn er jetzt die Verbindung zu Gott aufnimmt, dann kann er in seiner Angst Hilfe bekommen. Er erfährt die wahren Ursachen seiner Angst und kann sich daraus befreien. Auch kann er Verbindung aufnehmen zu Gleichgesinnten, die sich in einer ähnlichen Situation befinden. Bald wird er erkennen, dass er die Falschen bekämpft hat. Denn diejenigen, die Schuld an diesen Verbrechen sind, zeigen sich nicht öffentlich, sondern werden die Drecksarbeit immer von anderen machen lassen.

Auch die Schuldigen haben Angst, denn sie ergreifen auch nur die Flucht nach vorn, weil sie Angst haben, dass ihre Macht schwinden könnte, wenn die Menschen hinter ihre Machenschaften kämen. Das macht sie im höchsten Maße angreifbar. Sie versuchen deshalb alles, um die Kräfte der Vernunft und des guten Wollens zu vernichten. Das gelingt ihnen immer dann, wenn die Kräfte der Vernunft nicht geschlossen arbeiten und sich in Einzelaktionen verzetteln. Auch die vielen wechselnden Personen sind ein Hindernis. Dadurch wird die Führung erschwert.

Wir sehen also, dass die Menschen eine ganz andere Strategie einschlagen müssen.

- Da ist zuerst der Gegner genau zu definieren.
- Dann sind die Kräfteverhältnisse zu bewerten.
- Dann sind die Mittel zu bewerten, die zur Verfügung stehen.
- Dann sind die Menschen zu mobilisieren.
- Und fünftens müssen die finanziellen Mittel aufgebracht werden.

Alles das benötigt eine straffe Führung. Auch sind in allen Zweifelsfällen die verschiedenen Varianten zu ermitteln. Aber lieber eine Variante auslassen, als gar nichts zu tun. Die Überlegungen müssen gezielt geführt werden und nicht nach allen Richtungen. Der Leiter der Aktion muss auch alle anderen Überlegungen zulassen, die zum Ziel führen könnten. Richtig sind alle individuellen Gedanken, die zum Ziel führen. Auch kleine Änderungen können hilfreich sein. Verschiedene Gruppierungen müssen vereinigt werden. Das vergrößert die Schlagkraft. Die Differenzen müssen ausgelassen werden, weil sie nur den internen Streit fördern. Nur die gemeinsame Verfolgung des Zieles darf im Vordergrund stehen. Wenn ein Mitglied der Gruppierung versucht, aus den Differenzen individuelle Vorteile zu erlangen, muss er ausgeschlossen werden. Das ist das Wichtigste, was zur Veränderung der bestehenden Situation getan werden muss.

Das wollen wir jetzt an einem Beispiel demonstrieren.

Die Mehrzahl der Menschen sehnt sich nach Frieden. Aber trotzdem flammen überall immer wieder kriegerische Auseinandersetzungen auf. Das will aber niemand ernsthaft, weil es das Leben vieler Menschen gefährdet. Also werden die Menschen etwas tun müssen.

- Zuerst sind die Menschen überall aufzuklären, wer ein Interesse daran hat, dass es zu dieser kriegerischen Auseinandersetzung gekommen ist. Das öffnet den Menschen die Augen über die eigentlichen Drahtzieher der Aktion.

- Dann sind die Kräfte zu mobilisieren, die diesen Feinden des Friedens das Handwerk legen können.

- Dann müssen die Führungsstrukturen geklärt werden.

- Dann sind die Aufgaben festzulegen.

- Dann sind die Menschen für die Erfüllung der Aufgaben zu mobilisieren.

- Dann sind die Aktionen zu planen.
- Dann sind die einzelnen Schritte auszuarbeiten.
- Dann sind die Aktionen durchzuführen und die Ergebnisse abzurechnen.

Das ist der Plan, der zur Sicherung des Friedens führen kann. Aber bei der gegenwärtigen Stärke der Mächte der Zerstörung werden diese Aktionen nicht zum Ziel führen, weil sie bei der kleinsten Aktion sofort ihren gesamten Apparat in Bewegung setzen werden, um diese Aktion bereits im Keim zu ersticken. Also müssen wir anders an die Lösung des Problems herangehen. Auch brauchen wir eine breitere Basis als sie für einzelne Aktionen erforderlich ist. Deshalb werden wir eine ganz andere Strategie entwickeln müssen. Auf keinen Fall können wir einen Frontalangriff wagen. Dazu sind die Mittel zu ungleich verteilt.

Also werden wir zuerst die Menschen aufklären müssen über die Gefährlichkeit der anderen Seite. Das erfolgt in regelmäßigen Abständen in allen möglichen Medien. Die Medien werden sich anfangs sträuben, weil sie von der Werbung der finsteren Mächte abhängig sind. Aber wenn es gelingt, Journalisten zu gewinnen, die den Mut haben, über diese Themen zu berichten, dann ist der Durchbruch geschafft. Aber dann muss es weiter gehen. Dann sollen die Menschen anfangen, diese Mächte zu boykottieren und zu isolieren. Diese werden schnell feststellen, dass sich jetzt eine Opposition aufbaut, der man mit Gewalt nichts anhaben kann. Das ist für diese Mächte neu. Auch haben sie dafür keine Abwehrmechanismen entwickelt, die sie erfolgreich einsetzen könnten. Das ist der erste Schritt.

Dann folgt der nächste Schritt. Dazu müssen sich jetzt die Gegner der Mächte der Finsternis vereinigen. Das ist eine schwierige Aufgabe, da das Mut verlangt. Denn jetzt kommt es zur Konfrontation mit der Macht. Diese wird jetzt ebenfalls aktiv werden und ihre Verbündeten sammeln. Vor allem greifen sie zu Mitteln der Verleumdung und Zensur der Medien. Das war aber zu erwarten und darf nicht als Stärke der Gegner gewertet werden. Wir werden zum Gegenangriff blasen, indem wir eine weitere Breitseite abschießen auf die Verleumder der Wahrheit. Dazu sollten jetzt weitere Verbündete gefunden werden aus dem Lager der Mächte der Finsternis. Das schafft eine Trennung in deren Reihen und erzeugt Unsicherheit unter deren Sympathisanten. Auch sollten jetzt die Strukturen des Widerstandes aufgebaut werden. Kaum eine Bewegung kam bisher ohne eine klare Führungsstruktur aus. Deshalb ist an ihrem Aufbau mit viel Energie zu arbeiten. Hier müssen jetzt die Zaudernden ausgeschlossen werden und die Mutigen die Führung übernehmen. Aber wie finden wir diese aus dem Heer der Willigen?

Das ist auch eine verantwortungsvolle Aufgabe der Führungskräfte. Jeder, der neu zu den Kräften der Vernunft stößt, muss eine Aufgabe übernehmen. Ist er dazu nicht bereit, ist er nicht zu gebrauchen. Das heißt nicht, dass er ausgeschlossen wird, aber mit ihm kann man den Kampf nicht gewinnen.

Dann sollten die Verbündeten mit einbezogen werden. Diese brauchen eine besondere Betreuung, denn in ihren Reihen können sich auch die Gegner verstecken. Das wird eine Aufgabe für die guten Redner in der Führungsgruppe sein.

Die anderen Mitglieder der Führungsgruppe übernehmen die Aufgaben der Planung der nächsten Schritte. Diese wären jetzt:

1. Die Ausarbeitung einer Themenpalette der Grundsätze der Bewegung.

2. Die Mittel und Möglichkeiten der Bewegung.

3. Die Auflistung der Standorte der Bewegung.

4. Die Benennung der anderen guten Kontakte der Freunde der Bewegung, die für die Aufgaben einzubeziehen sind.
5. Das richtige Überzeugungsmaterial der Bewegung.
6. Die Ausgabe von Handzetteln und Plakaten.
7. Die Kontaktdaten der Mitglieder der Führungsgruppe und die Angaben über die Erreichbarkeit über eine Telefonkette.
8. Die Vernetzung mit anderen Gruppierungen.
9. Die finanzielle Absicherung der Bewegung.

Alle diese Aufgaben werden in einem Grundsatzpapier festgehalten und einstimmig beschlossen. Das bekommt jedes Führungsmitglied in die Hand und unterzeichnet es. Das kann dann an einem sicheren Ort aufbewahrt werden.

Wir sehen also, dass zum Siegen eine Organisation notwendig ist, die sich an die Spitze stellt und unerschrocken zur Tat übergeht.

Wer das nicht mitmachen will, dem ist die Angst nicht zu nehmen.

Gott unterstützt und begleitet jeden einzelnen Schritt, der dazu angetan ist, die Mächte der Finsternis zurück zu drängen.

Die Liebe als Quelle allen Seins

„Der empfindlichste Mangel in der Welt ist der Mangel an Liebe. Der Hunger nach Liebe ist die Wurzel aller Verbrechen, auch der Grund aller Schmerzen und Leiden. Mangel an Liebe und Anerkennung ist auch der tiefere Grund aller Kriege. Hunger, Armut und Misstrauen sind die Folgen von Liebesersatz und schreien nach wahrer Liebe. Liebe vermag jedes Übel in der Welt zu ändern, den Krieg zu verhindern und Frieden zu bringen. Liebe ist der geheime Weg, eine Gesellschaft ohne Verbrechen herbeizuführen. Liebe kann eine ausgeglichene Verteilung der Güter dieser Erde bewirken und allen zu einem menschenwürdigen Dasein verhelfen. Da, wo die Wohlhabenden die Habenichtse lieben, gibt es keine Armut. Heute mache ich die Liebe zu meiner Pflicht. Ich will mithelfen, die Erde zu verändern."

(Auszug: 3. Essener Schriftrolle)

Die Liebe ist die Quelle allen Seins.

Diese Wahrheit durchdringt alles, was ist und kann von niemandem verändert werden, auch wenn das Gegenteil an der Oberfläche sichtbar ist. Viele Menschen erfassen diesen Zusammenhang von Liebe und ihrer eigenen Existenz nicht. Das liegt einfach daran, dass sie sich damit noch nicht ernsthaft auseinandergesetzt haben. Das ist aber notwendig, wenn sie den Sinn ihres Daseins auf der Erde erfassen wollen. Überall auf der Erde wirken Menschen auf unterschiedlichste Art und Weise zusammen. Ansonsten könnten sie nicht existieren. Aber die Liebe ist dabei oft ein Stiefkind und bleibt ausgeschlossen. Auch wenn der Begriff Liebe eines der meistgebrauchten Wörter ist, das die Menschen überall verwenden, bewegt es in der Wirklichkeit viele Menschen nicht zur Tat. Liebe ist aber nicht teilbar, auch wenn viele Menschen das glauben, weil sie ihre Liebe auf Dinge und Personen beziehen. Dadurch entsteht der Eindruck, dass der Mensch sich aussuchen könnte, wen oder was er liebt. Aber das ist ein großer Irrtum. Der Mensch ist eins mit allen Geschöpfen dieser Erde und kann es sich deshalb nicht aussuchen, wem er seine Liebe schenkt. Das klingt angesichts der Verhältnisse auf der Erde wie ein Hohn. Wie kann man Menschen lieben, die mit anderen Menschen Streit haben oder Kriege führen? Wie können wir Dinge lieben, die wir nicht mögen und verurteilen? Auch werden wir mit Situationen konfrontiert, die uns Angst machen. Und trotzdem soll das alles von Liebe durchdrungen sein?

Wir sehen also, dass es einen großen Klärungsbedarf gibt. Dieses Kapitel des Buches will dazu beitragen, diese Unklarheiten auszuräumen und die Menschen in Liebe zusammen zu führen. Wir werden erkennen, dass das möglich ist, wenn wir uns die Zeit nehmen, diesen Teil des Buches aufmerksam zu lesen. Es ist für jeden bestimmt, da jeder Mensch aus Liebe entstanden ist.

Die Liebe als Ausdruck der beiderseitigen Beziehung

Die Menschen brauchen einander, um sich fortpflanzen zu können. Dazu hat Gott zwei unterschiedliche Geschlechter geschaffen. Die Unterschiede bestehen aber nicht nur körperlich, sondern im Wesentlichen im geistigen Bereich. Die Männer sind so ausgestattet worden, dass sie eine Vielzahl von Frauen begehren wollen, während die Frauen sich den Besten unter den Männern aussuchen wollen. Aus diesem Wechselspiel heraus entstehen Bindungen, die beide eingehen wollen, um gemeinsam Nachwuchs zu zeugen. Das ist der Normalfall. Aber so einfach wie das klingt, ist es nicht. Vor die Vereinigung hat Gott die Gefühle gestellt, und die können unterschiedlicher nicht sein. Und das ist gut so. Alle Menschen sind mit einem breiten Spektrum an Gefühlen ausgestattet worden. Deshalb sind die Unterschiede im Geschmack so gravierend, dass oft kein Mensch den anderen verstehen kann, warum er oder sie sich gerade diesen Partner ausgesucht hat. Aber auch das ist gewollt. Wenn die Werbung um einen Partner immer nach gleichen Geschmacksmerkmalen erfolgen würde, dann hätten wir eine zweigeteilte Bevölkerung. Die einen könnten sich paaren, weil sie begehrt sind, und die anderen könnten sich nicht vermehren, weil sie nicht begehrt sind. Das hat Gott deshalb ganz anders eingerichtet. Ein einzelner Mensch wird immer einen passenden Partner finden, wenn er das will. Aber nicht jeder will das. Viele bleiben auch gerne allein. Aber auch das ist gewollt. Gott lässt auch nicht jeden zur Vermehrung zu, weil nicht alle Menschen die seelische Reife haben, um mit der erforderlichen Verantwortung Kinder zu erziehen.

Deshalb wollen wir jetzt den Werdegang einer Beziehung einmal genau untersuchen.

Da ist eine Frau, die in ihrer weiblichen Entwicklung an den Punkt angekommen ist, wo sie sich nach einem Mann sehnt. Deshalb beginnt sie, die Welt der männlichen Wesen mit ganz anderen Augen zu betrachten. Was ihr bisher verborgen blieb, sieht sie plötzlich ganz scharf. Alle ihre Gefühle lenkt sie auf einen Punkt. Das bringt oft viel Kummer mit sich, weil sie oft männliche Wesen begehrt, die sie nicht bekommen kann. Das ist aber normal und wird als die Schwarmphase bezeichnet. In dieser Phase reifen die Gefühle zu einer bestimmten Qualität, die notwendig ist, um sich richtig verlieben zu können. Das kann oft recht lange dauern und ist verbunden mit kleinen Liebschaften, die aber nur von kurzer Dauer sind.

Nun kommt der Mann ins Spiel. Seine Entwicklung ist ganz anders. Er entdeckt seine Männlichkeit schon sehr früh, da er oft Erektionen und nächtlichen Samenerguss hat, die ihm verständlich machen, dass er jetzt zeugungsfähig ist. Aber durch seine Jugend und seine Unreife in fast allen Dingen kann er seiner Rolle als Erzeuger neuen Lebens noch nicht gerecht werden. Auch er flüchtet sich in Tagträume und malt sich alle möglichen Liebesszenarien aus, an deren Ende immer der Geschlechtsverkehr ist.

Was soll diese unterschiedliche Entwicklung bewirken? Vor allem schützt sie vor übereilten Handlungen, die beide aber gerne tun würden. Deshalb kommt es immer wieder zu kleinen Ausartungen von Gefühlen, ohne dass es zum Geschlechtsverkehr kommt. Das möchte vor allem die Frau noch nicht, weil sie die Konsequenzen schärfer sieht als der Mann. Trotzdem will sie immer wieder erobert werden und hält sich deshalb auch nicht zurück, sich in immer neue Abenteuer zu stürzen. Der Mann hingegen versucht immer aufs Ganze zu gehen. Das muss er auch, sonst wird die Frau nie erfahren, wie sie sich verteidigen muss. Erst wenn sie sich richtig verliebt und nur noch Tag und Nacht an einen einzigen Mann denkt, dann ist der Zeitpunkt der vollkommenen Hingabe gekommen und die Vereinigung der Geschlechter wird vollzogen

Jetzt kommt die Verantwortung ins Spiel. Was hat das aber mit Liebe zu tun? Das ist aber die entscheidende Frage der Liebe, denn wer liebt, trägt immer Verantwortung für den anderen. Ohne diese Verantwortung kann keine Liebe ehrlich sein. Liebe heißt immer Nächstenliebe, auch wenn das nicht sofort begriffen wird.

Wir wollen das an einem weiteren Beispiel erläutern.

Auf einem kleinen Bauernhof leben seit vielen Jahren zwei älteren Menschen zusammen. Sie haben ihr ganzes Leben keine andere Beziehung gehabt. Das wäre auch gar nicht möglich gewesen, weil sie keine anderen Partner in ihrer näheren Umgebung gefunden hätten. Vor allem waren sie voneinander abhängig, weil jeder den anderen brauchte für sein eigenes Überleben. Die Frau sorgte für den Haushalt und die Kleintiere, und der Mann für den Acker und die Großtiere. Keiner konnte aus dieser Bindung ausbrechen, ohne den anderen zu gefährden. Wenn wir jetzt die Liebe ins Spiel bringen, dann stellt sich diese Beziehung ganz anders dar. Was ist das für eine Liebe, die auf einer solchen Abhängigkeit beruht? Wir fragen uns aber auch, ob einer der beiden mit der Situation unzufrieden ist, die doch eher ein Joch ist als eine Liebesbeziehung. Warum sprengt nicht einer von beiden diesen würgenden Ring? Weil jeder diese Liebe für den anderen als freigewählte Verantwortung empfindet.

Was ist das nun für unsere Verbindung von Bedeutung? Die Beziehung zwischen zwei Menschen muss sich immer an vier Kriterien orientieren:

<u>Erstens</u> sollte der Partner ein wirklicher Freund sein, der dem anderen mit Achtung begegnet und ihm alle Freiräume lässt, die er für seine Entwicklung braucht.

Zweitens sollte der Partner die Beziehung mit der größten Verantwortung eingehen für die Entwicklung der Kinder.

Drittens sollte der Partner die Gefühle für den anderen immer wieder erneuern, auch wenn der andere diese nicht immer gleich erwidert.

Und viertens sollte der Partner seine Augen immer auf d e r Frau oder d e m Mann ruhen lassen, der oder dem sie ewige Liebe geschworen haben. Vor allem sollten sich die Partner auch immer wieder dem beglückenden Liebesspiel hingeben, damit sich die Liebe ständig erneuert.

Wer diesen Grundsätzen folgt, wird sein Leben in wirklicher Harmonie führen können. Wir wollen aber auch nicht außer Acht lassen, dass dieser Idealfall wirklich sehr selten ist. In der Realität sieht es fast so aus, als ob es keine echten Liebesbeziehungen mehr gibt. Fast jede dritte Ehe wird nach wenigen Jahren geschieden und die Zahl der instabilen Ehen nimmt zu. Das ist ein Zustand, der ein sehr schlechtes Licht auf den Zustand der gesellschaftlichen Verhältnisse wirft, wo doch alle Voraussetzungen gegeben sind, um die oben genannten Kriterien zu erfüllen.

Woran liegt das also? Auf alle Fälle liegt es nicht an einem wachsenden Selbstbewusstsein der Frauen. Die Frauen sind zwar emanzipierter, aber sie fühlen immer noch genauso wie alle Frauen vor ihnen gefühlt haben. Auch die Männer haben sich in dieser Hinsicht nicht verändert.

Woran liegt es also dann? Wer die gesellschaftliche Entwicklung genau verfolgt, der wird feststellen, dass immer mehr Menschen ein sehr oberflächliches Leben führen. Wir erkennen das daran, dass die Verlässlichkeit aufgehört hat, ein moralischer Grundsatz in den Beziehungen zu sein. Das fängt schon damit an, dass gegebene Zusagen ohne Begründungen nicht eingehalten werden. Diese Menschen finden das auch nicht irgendwie anstößig, weil sie das auch nicht empfinden können, wie das in dieser Situation in dem anderen aussieht.

In einer anderen Hinsicht gibt es ebenfalls Defizite. Viele junge Menschen wollen keine Kinder haben. Das liegt aber nicht an den Frauen, sondern an den gesellschaftlichen Verhältnissen, die immer mehr kinderunfreundlich werden. Wenn heute die Frauen mit Kindern Schwierigkeiten haben, ihrer Arbeit nachgehen zu können und gleichzeitig ihren Verpflichtungen als Mutter gerecht werden zu können, dann ist in dieser Gesellschaft etwas nicht in Ordnung. Die Frauen werden immer älter, bevor sie sich ihren Kinderwunsch erfüllen können. Das ist nicht gut für die gesamte Reproduktion der Gesellschaft. Die Kinder wiederum haben Eltern, die nicht mehr jung sind und auch nicht den Wunsch haben, weitere Kinder zu gebären.

Und um noch ein Defizit anzuführen, sei hier angeführt, dass die Reichen dieser Gesellschaft ihr Vermögen nicht in den Ausbau der sozialen Infrastruktur investieren, um für alle die gleichen Bildungschancen zu ermöglichen, sondern es zur Geldvermehrung nutzen. All das schlägt sich nieder auf die Beziehungen zwischen den Geschlechtern und ihre Liebesbeziehungen.

Welche Alternativen schlagen wir also vor, um wieder zur Normalität zurückkehren zu können?

Da wäre <u>erstens</u>: Die Menschen müssen sich wieder mit Gott verbinden, um wieder ein Leben in Frieden führen zu können. Diese Verbindung muss so aussehen, dass ein jeder Gott ruft, wenn er eine schwierige Entscheidung treffen muss.

Da wäre <u>zweitens</u>, dass die Menschen wieder in Liebe aufeinander zugehen und sich verzeihen können. Wenn wir uns verzeihen, dann können wir uns auch lieben. Das klingt einfach, aber auch überheblich. Wer es versucht, wird sehen, dass er sich selbst besiegen muss, um verzeihen zu können.

<u>Drittens</u> müssen die Menschen wieder zu ihren Grundwerten von Ehrlichkeit und Verlässlichkeit zurückkehren, die im Zuge der wahren Bestrebungen nach echter Liebe unbedingt notwendig sind.

Und da ist noch <u>viertens</u> die Sorge der Gesellschaft um das fürsorgliche Bewahren aller Bedingungen für das vielerorts notwendige Engagement für saubere Liebesbeziehungen.

Die Liebe als eine Verbindung mit der Umwelt

„Ich sage euch, wahrlich, ihr seid eins mit der Erdenmutter; sie ist in euch und ihr seid in ihr. Aus ihr wurdet ihr geboren, in ihr lebt ihr, und zu ihr werdet ihr zurückkehren. Es ist das Blut eurer Erdenmutter, das aus den Wolken fließt; es ist der Atem eurer Erdenmutter, der in dem Laub der Wälder wispert und mächtig von den Bergen bläst; süß und fest ist das Fleisch eurer Erdenmutter in den Früchten der Bäume; stark und unzerbrechlich sind die Gebeine eurer Erdenmutter in den riesigen Felsen und Steinen, die als Wachen der verlorenen Zeit stehen blieben; wahrlich, wir sind eins mit unserer Erdenmutter, und wer sich an die Gesetze seiner

Mutter treu hält, dem wird auch sie treu bleiben."

(Essener Schriften; 4. Buch - Der 7-fache Friede)

Ihr Menschen lebt auf einem wunderbaren Planeten, den ihr Erde nennt. Dieses Wort kommt aus der alten Lehre des Hinduismus und bedeutet „Auge des Himmels". Damit sollte zum Ausdruck gebracht werden, dass die Menschen eine Möglichkeit haben, die Welt um sich herum erkennen zu können. Das ist eine große Errungenschaft des Geistes, alles auf der Erde erkennen und gestalten zu können. Auch das kleinste Geschöpf ist dazu in der Lage. Wir können das auch in vielen Beispielen nachweisen, dass der Mensch eine Ausnahme in der Geistigen Welt Gottes darstellt. Außerhalb der Erde gibt es auf keinem Planeten des unendlichen Universums Wesen, die einen freien Willen bekommen haben, um sich ihr Leben selbst gestalten zu können. Das dürfen nur die Menschen der Erde. Deshalb sagt Gott den Menschen immer wieder, dass sie dieses Geschenk nicht missbrauchen sollen, um diese Erde für alle Menschen zu einer Stätte des Friedens und der Nächstenliebe zu machen.

Die Realität sieht aber ganz anders aus. Was haben die Menschen aus dieser ihrer Erde gemacht? Es ist eine einzige Kloake voller Unrat und Dreck. Die Tiere werden verzehrt und unter unerträglichen Bedingungen gehalten. Auch die Natur wird dem Streben nach Geld und Macht geopfert. All das hat schon solche Auswirkungen, dass die Erde sich der Selbstzerstörung nähert.

Aber Gott wird das nicht zulassen. Die Erde ist Gottes Schöpfung, um dem gesamten Universum ein Beispiel zu geben, das es möglich ist, auf Grund freier Willensentscheidungen eine wirkliche, vielen Menschen bedeutsame Liebe zu ihrer Erde zu schaffen. Das ist das Ziel.

Viele Menschen haben das bereits erkannt, dass die Liebe zu ihrer Erde eine Grundbedingung ihres Lebens ist. Sie kämpfen dafür und haben auch Erfolge zu verzeichnen.

Aber wie ist die Liebe zur Umwelt für alle Menschen zu erreichen? Dazu wollen wir uns jetzt einmal in die Situation der Tiere versetzen. Die Tiere auf der Erde haben einen Anspruch auf eine artgerechte Behandlung von allen Menschen. Wenn der Mensch in ihre Lebensbedingungen eingreift, dann greift der Mensch auch in seine eigenen Lebensbedingungen ein. Das ist vielen Menschen gar nicht bewusst, und sie leben in einer Weise in den Tag hinein, als ob sie das gar nicht interessiert. Das sollte es aber. Wenn wir uns jetzt mit einer Art Tieren beschäftigen, dann wird es auch dem größten Ignoranten klar werden, dass der Mensch ohne diese Tiere nicht überleben kann.

Wir denken hier an die kleinen Einzeller, die Amöben. Wir können sie kaum sehen und ignorieren ihre Existenz. Aber in jedem von uns gibt es sie milliardenfach. Sie übernehmen die Aufgaben der Versorgung und Entsorgung in den Organen und haben sogar die Aufgabe, die Menschen nach ihrem Tode zu zersetzen. Wenn es sie nicht gäbe, wäre die Erde voller Leichenberge. Das ist aber nicht der Fall, weil die Amöben diese Aufgaben übernehmen. Unter allen Lebewesen sind sie es, die das Leben überhaupt ermöglichen.

Warum betont Gott das? Weil ihr in ganz anderen Dimensionen denkt. Euer Verhältnis zur Umwelt konzentriert sich auf Bereiche, die außerhalb der Mikroorganismen liegen. Das ist in einer gewissen Art auch verständlich, weil ihr euch sonst nicht auf die großen Aufgaben konzentrieren könnt. Aber wenn ihr die Welt im Kleinen ignoriert, dann fehlt euch auch das Verständnis für die großen Dinge eures Lebens. Diesen Zusammenhang haben auch schon die alten Gelehrten erkannt, die den Menschen erklärt haben, dass die Welt eins ist und man alles im Zusammenhang betrachten muss.

Auch wir haben die Pflicht, unsere Liebe auf alles auszurichten, was in der Natur existiert. Keiner ist davon ausgeschlossen. Deshalb werden auch keine Überlegungen bedient, die eine einseitige Betrachtung unserer Existenz suchen wollen. Wir können uns aus unserer Verantwortung für die Umwelt nicht herausmogeln. Das ist lebensgefährlich.

Wir wollen noch ein weiteres Beispiel anführen.

Da hat jemand eine Erfindung gemacht, wie man aus Licht Energie gewinnen kann. Das ist eine großartige Angelegenheit, denn dadurch würden auf einem Schlag alle Energieprobleme der Menschen der Erde gelöst sein. Das wäre für die Umwelt die Rettung, da die Luft nicht mehr verschmutzt würde. Aber auf der anderen Seite stehen der Verwirklichung dieser Erfindung die Interessen der übermächtigen Energiekonzerne entgegen. Das wird jetzt das große Problem sein, alle Kräfte der Vernunft zu bündeln, um diese Erfindung zur industriellen Umsetzung zu führen. Auch können die Regierungen aller Länder mit Demonstrationen und Anschreiben gezwungen werden, sich dieser Erfindung zuzuwenden, um mit politischen Maßnahmen die Umsetzung zu erzwingen. Die Regierungen der meisten Länder sind aber willfährige Werkzeuge der übermächtigen Energieunternehmen. Das ist die entscheidende Hürde, die überwunden werden muss. Wenn das nicht gelingt, dann muss darauf gedrungen werden, dass sich die Menschen von ihren Regierungen abwenden und ihre Vertreter wählen, die den Willen der Mehrheit respektieren.

Wir sehen also, dass ihr die Liebe zu eurem Planeten Erde mit mutigen Taten unter Beweis stellen müsst. Von allein bewegt sich gar nichts. Im Gegenteil. Wenn alle, die Veränderungen anmahnen, die Hände in den Schoß legen, dann wird die Gegenseite sich ermuntert fühlen, diese Erde in noch größerem Umfang zu verschmutzen.

Also sollten alle Menschen guten Willens den Mut finden, ihre Erde von jeglicher Verschmutzung zu reinigen.

Am 01. Mai 2013 sagt mir Gott: *„Du sollst heute eine weitere Information bekommen für dein neues Buch „Die Liebe als Quelle allen Seins".* Da bei Gott „heute" immer bedeutet „ab jetzt", wartete ich ab. Am 05.Mai meldete sich Zudar: *„Ich bin ein Helfer Gottes und habe die Aufgabe, Menschen auf anderen Planeten zu Gott zu führen. Du sollst heute in eine weitere Dimension eingeweiht werden, die dir ermöglicht, mit Menschen auf anderen Planeten zu sprechen. Du sollst dann erfahren, wie die Menschen auf anderen Planeten ihren Planeten lieben. Erst musst du dich mit Gott verbinden, dann rufst du mich und ich verbinde dich mit einem Menschen, der dir die richtige Antwort geben kann."*

Diese Einweihung steht also im Zusammenhang mit dem Kapitel „Die Liebe zur Umwelt"? *„Das ist richtig. Du musst das aufschreiben und den Menschen auf der Erde mitteilen."*

Am 06. Mai sagt mir Gott, dass ich heute Zudar rufen soll. Zudar verbindet mich mit Gidon vom Planeten Duwe.

„Ich bin Gidon und begrüße dich auf der Erde. Du sollst jetzt von mir erfahren, wie wir Menschen auf dem Planeten Duwe unseren Planeten vor Verschmutzung bewahren. Zuerst muss ich dir sagen, dass es bei uns keine wirkliche Atmosphäre gibt, sondern eine Gashülle aus Kohlendioxyd, die wir nutzen, um zu atmen. Das ist genau umgekehrt wie auf der Erde. Aber wir produzieren auch Sauerstoff in unseren Lungen, wenn wir das CO_2 einatmen. Das geschieht durch eine Gasumwandlung in unseren Körperzellen. Diesen Vorgang nennen wir auch Atmung.

Unsere CO_2-Hülle ist sehr dünn und anfällig. Vor allem wenn eine hohe Konzentration erreicht wird, kann es zu Explosionen kommen, die bestimmte Bereiche unseres Planeten zeitweise lebensunfähig machen könnten. Deshalb ist jeder Mensch unseres Planeten daran interessiert, dass diese Konzentrationen nicht eintreten. Deshalb entsteht bei jedem Menschen ein großes Verantwortungsgefühl für *den Erhalt unserer Existenzgrundlage. Wir haben deshalb überall Kontrollstellen eingerichtet, die die Konzentration überwachen. Steigt die Konzentration an, dann werden Maßnahmen eingeleitet, die eine Absenkung bewirken.*

Wodurch kann es bei uns zu einem Anstieg kommen? Da wäre zuerst der Anstieg der Emission aus der Verbrennung fossiler Rohstoffe, die wir aus der Erde abbauen. Das sind Erdöl und Kohle, auch Gas in geringen Mengen. Diese Rohstoffe benötigen wir zur Wärmegewinnung, aber auch zur Herstellung von Gütern. Jeder Produzent hat genaue Vorgaben, wie viel CO^2 er in die CO^2-Schicht abgeben darf. Das ist eine sehr aufwändige Angelegenheit, weil es auf unserem Planeten, der ungefähr die Größe der Erde hat, ungeheuer viele Betriebe und Einrichtungen gibt, die eine CO^2-Emission haben. Es kommt hier und da vor, dass einer das zulässige Maß überschreitet. Dann gibt es sehr drastische Strafen, bis hin zur Schließung des Betriebes. Wir wissen alle, dass die Einhaltung der Konzentrationsgrenzen unsere Existenz sichert. Deshalb gibt es unter den Menschen kein verantwortungsloses Verhalten und keine Verbrechen an der Umwelt. Was aber am wichtigsten ist im Gegensatz zu euch auf der Erde, wir haben keine Waffen und führen auch keine Kriege, die das ganze Klimasystem zerstören könnten. Auch *gibt es keine unterschiedlichen Strategien zur Erhaltung unseres Planeten, die die Menschen entzweien und zu Aggressionen führen würden. Jeder trägt die Verantwortung für den anderen. Das lernt jedes Kind bereits sehr früh und ist ein unumstößliches Gesetz. Natürlich gibt es auch bei uns unter den Menschen Auseinandersetzungen und Streit. Sie führen aber nicht zur gegenseitigen Tötung. Das wollte ich dir sagen."*

Welche Aufgabe hast du als Mensch auf eurem Planeten? *„Ich bin für die Einhaltung der Emissionswerte auf dem gesamten Planeten verantwortlich. Das ist ein hochkompliziertes elektronisches System. Alle unsere Flugapparate und Fahrzeuge verursachen keinen CO^2-Ausstoß, da sie mit Lichtenergie, vor allem aus Lichtbatterien versorgt werden."*

Am 29. Mai 2013 fiel mir ein, dass es wohl noch keinem Menschen erlaubt wurde sozusagen von Planet zu Planet und von Mensch zu Mensch zu sprechen. Ich wollte nun Gidon fragen, wie dieses Gespräch überhaupt technisch realisiert wurde. Hat Gidon gesprochen oder nur gedacht, in welcher Sprache, wer hat übersetzt usw.? Aber Gott sagte, dass das eine einmalige Verbindung gewesen sei und mir ein weiterer Kontakt mit einem Menschen auf einem anderen Planeten vorerst nicht erlaubt wird.

Am 30.05.2013 kam dann die Botschaft von Jesus: *„Du wirst heute in eine neue Frequenz eingeweiht. Du kannst ab jetzt mit jedem Menschen auf anderen Planeten sprechen. Du musst Gott rufen und Gott bitten, dass er dich mit den Menschen verbindet, die für dich von Bedeutung sind. Deine neue Frequenz ist 1 8 8 9 8 8 1. Das bedeutet: 1 = Verbindung zur Geistigen Welt Gottes, 8 = du hast Verbindung zu allen Galaxien und du bekommst auf jede Frage eine Antwort, 8 = du bist ganz nah bei Gott, 9 = du hast keine Begrenzungen mehr in der Verbindung zur geistigen Welt Gottes."* Die drei letzten gespiegelten Zahlen der ersten drei Zahlen bedeuten, dass alle Informationen im Bewusstsein real widergespiegelt werden.

Die Liebe – ein Weg zu Gott

Jeder Mensch sucht in seinem Leben nach einem Halt. Das ist die schwierigste Entscheidung, die jeder Mensch treffen muss, weil er ohne diesen Halt den Kräften der Finsternis schutzlos ausgeliefert ist.

Wir wollen uns auch hier dem Problem durch ein Beispiel nähern.

Wir haben alle von Gott eine stille Sehnsucht erhalten, die uns zwingt, auf all unseren Wegen das Gute zu suchen. Auch wenn das wieder nach außen nicht sichtbar ist, so ist das aber eine Tatsache, die niemand leugnen wird, wenn er danach gefragt wird. Keiner wird behaupten, dass er auf die Erde gekommen wäre, um anderen Menschen Böses zu tun. Aber im Laufe seines Erdenlebens entwickelt der Mensch viele seiner Charakterzüge, die nicht immer zeigen, dass in ihm diese stille Sehnsucht nach dem Guten noch vorhanden ist. Auch finden sich um ihn viele Beispiele an, die ihm zeigen, dass der Weg auf der Straße des Bösen viel angenehmer ist, als sich ständig mit moralischen Grundwerten auseinander zu setzen.

Dennoch ist der Glaube an das Gute immer gegenwärtig.

wissen alle, wie schädlich alkoholische Getränke und Drogen sind, aber die Geschäfte sind voll davon. Wie viel Elend wird da hingenommen von all denen, die sich anmaßen, Verantwortung für die Menschen zu tragen. Das kann Gott auch nicht verstehen. Auch wissen alle, welche Auswirkungen das zunehmende Übergewicht der Menschen hat und welche Folgen für den einzelnen. Aber wie wird von Seiten der Verantwortlichen darauf reagiert? Die Gesellschaft entfernt sich immer mehr von ihren wirklichen Aufgaben, Sachwalter des Wohlergehens aller Menschen zu sein. Dazu kommt, dass es immer dreistere Versuche gibt, die Menschen zu entzweien und Feindschaften zu erzeugen. Die Menschen werden zum Spielball von Kräften gemacht, die nie und nimmer an das Wohl dieser Menschen denken. Aber die Menschen begreifen das nicht und verbergen sich hinter einer Fassade des Ignorierens.

Aber was hat das jetzt mit dem Thema „Liebe als Weg zu Gott" zu tun? Wie wir sehen, hat jede Erscheinung etwas mit dem freien Willen zu tun und damit etwas mit Verantwortung für seinen Nächsten, der unter diesen Erscheinungen zu leiden hat. Wir können keinem die Verantwortung für das, was er tut, abnehmen. Aber das Problem besteht darin, dass derjenige, der das tut, wenig von seiner Verantwortung erkennt, und wenn er sie erkannt hat, diese einfach ignoriert, weil er dafür nicht bestraft wird. Solange eine solche Situation in der Gesellschaft dominiert, ist der Weg zur Nächstenliebe versperrt und damit auch zu Gott. Denn Gott kann diejenigen, die ihre Nächsten nicht lieben, nicht als Gottes Helfer auf der Erde gebrauchen. Das heißt nicht, dass Gott sie weniger liebt, aber mit ihnen ist die Umkehr der Menschheit nicht zu vollziehen, weil sie die Umkehr erst an sich selbst vollziehen müssen.

Wie gelingt es nun, diese Menschen zur Umkehr zu bewegen? Das ist die entscheidende Frage, die wir beantworten müssen. Diese Menschen haben ebenfalls in sich das Bestreben Gutes zu tun. Deshalb werden wir sie an dieser Eigenschaft packen müssen. Die übergroße Mehrheit der Menschen ist bereit, auf diese Menschen zuzugehen und mit ihnen zu kommunizieren. Aber die Menschen, die Böses tun, sind dazu nicht bereit. Kein Fleischproduzent wird sich in eine Diskussion über die gesundheitlichen Vorzüge einer vegetarischen Ernährung einlassen. Kein Waffenproduzent wird gegen den Verkauf von Waffen sein. Er nimmt sogar in Kauf, dass sich Kinder mit diesen Waffen umbringen. Kein Politiker wird es wagen, gegen die Interessen der Finanzmagnaten zu stimmen.

Also, gibt es dann überhaupt eine Möglichkeit, das Gute in diesen Menschen zur Entfaltung zu bringen? Gäbe es keine, dann würde die Menschheit sich selbst vernichten.

Was ist demnach zu tun? Zuerst sind die Menschen guten Willens in Gemeinschaften zu formieren. Das ist notwendig, um die Kraft der Gemeinschaft zur Entfaltung zu bringen. Die vielen Passiven müssen aktiviert werden, weil es ihr Grundbedürfnis ist, das sich etwas ändert. Die Menschen müssen zur Umkehr in ihrer Lebensweise geführt werden und damit diejenigen boykottieren, die die Gesellschaft daran hindern, sauber zu werden. Wir wissen um die Schwierigkeit dieses Vorgehens, aber es funktioniert. Gott kann euch diesen Auftrag nicht abnehmen. Aber Gott wird all diejenigen schützen, die dazu bereit sind. Die Liebe zu Gott zeigt sich erst daran, wenn die Menschen das Gute in sich zur Entfaltung bringen.

Gott sieht viele seiner Kinder, die Gott anbeten, die zu Tausenden die Kirchen besuchen, die andächtig beten und Gott bitten, sie zu heilen und ihrer Seele Frieden zu schenken. Das ist alles gut und wird von Gott auch anerkannt. Gott sieht auch viele geistliche Würdenträger, die mit ehrlichem Herzen Gott dienen wollen und auch ein solches Leben führen. Aber sie nutzen die Kraft der Gemeinschaft nicht, um sich in diese raschen Veränderungen der Gesellschaft einzumischen. Sie bleiben auf der Stufe des Anhimmelns stehen. Und das bewirkt gar nichts. Dabei wäre die Kirche eine solche starke Kraftquelle, weil sie bereits die organisatorischen Strukturen hat, um Tausende in die Bewegung zur Umkehr einzubeziehen. Stattdessen lassen sie Jesus am Kreuz hängen, feiern scheinheilig seine Auferstehung und folgen ihm in keiner Weise. Das sieht Gott mit großer Bestürzung, weil die Kirchen damit die Mächte der Zerstörung stärken und ihre Macht dazu missbrauchen, die Gläubigen in der Abhängigkeit dieser Mächte zu belassen. Da die Kirchen nicht für die Besserung dieser Gesellschaft eintreten, haben sogar die menschlichen Vertreter der Mächte der Finsternis breiten Zugang zu den Kirchen und können scheinheilig Gottverbundenheit heucheln. Das macht es den wirklich gottverbundenen Menschen in den Kirchen schwer, die Unterschiede in ihrer Eigenschaft als wahre Diener Gottes zu erkennen. Gott möchte, dass sich das rasch ändert, damit sich diese gewaltige Kraft voll entfalten kann.

Die Liebe – ein Weg aus der Abhängigkeit

Bertold Brecht: *„Es setzt sich nur so viel Wahrheit durch in der Welt wie wir selbst durchsetzen. Der Sieg der Vernunft kann nur der Sieg der Vernünftigen sein."*

Die Liebe als Weg aus der Abhängigkeit beginnt bei jedem selbst. Auch hier appelliert Gott an die Vernunft der Menschen, die sie von Gott geschenkt bekommen hat. Das ist aber wiederum schwierig, weil die Menschen verlernt haben, ihre Vernunft zu gebrauchen. Die Vernunft ist die Einsicht in das moralisch richtige Handeln der Menschen. Das ist so einfach gesagt, wie es an sich auch ist. Aber die Vernunft ist verschüttet worden auf dem Weg der Abkehr von Gott, so dass die Unvernunft dominiert. Wir brauchen nur die Augen zu öffnen, dann erkennen wir so viel Unvernünftiges in dieser Gesellschaft, dass man sich fragen muss, wo die Menschen überhaupt ihren Verstand gelassen haben.

Wer kann denn verstehen, dass sich die Menschen zum Tragen von Waffen entscheiden, wenn sie in Frieden leben wollen. Das führt doch dazu, dass sich die andere Seite ebenfalls um Waffen bemüht. Wer kann verstehen, dass sich die Menschen um Beute schlagen, obwohl es genügend Nahrung für alle gibt. Wer kann verstehen, dass sich die Menschen mit Dingen beschäftigen, die sie verdummen, anstatt mit Dingen, die sie weise werden lassen. Und so könnte Gott in allem, was die Menschen tun, eine Unmenge an Unvernunft anführen, die zu nichts anderem führt als zur Verdummung der Menschen. Aber dennoch hat das alles Methode und ist von einem Teil der Menschen direkt gewollt. Denn Dummheit ist ein Machtinstrument in den Händen derjenigen, die herrschen wollen. Was wollen diese Menschen mit einem Heer an verbildeten Menschen? Das ist ganz einfach. Aufgeklärte Menschen stellen Fragen und verlangen eine vernünftige Antwort. Dumme Menschen glauben und verteidigen das, was man ihnen vorsetzt. Auf wie viel Prozent kluger Menschen kommt ein dummer Mensch? Wenn wir das die Menschen fragen würden, dann bekämen wir sicher die Antwort, dass auf zehn kluge ein dummer kommt. Wenn das so wäre, dann versteht keiner in dieser Gesellschaft, wieso diese vollkommene Dominanz der Unvernunft überhaupt entstehen konnte. Also muss es doch zwischen Klugheit und Unvernunft noch einen anderen Zusammenhang geben.

Diesen Zusammenhang wollen wir einmal näher beleuchten. Wenn die Menschen sich in ihrer Ausbildung mit geistigen Dingen beschäftigen, dann wird ihnen das, was sie lernen sollen, vorgegeben. Sie können dem erst einmal nicht entweichen, weil zum Erkennen der Wahrheit erst einmal Grundkenntnisse erforderlich sind. Erst wenn sie beginnen, selbstständig zu denken, können sie hinter die Zusammenhänge schauen. Aber wer tut das, wer schwimmt gerne gegen den Strom? Das geht nur, wenn darin viele einbezogen werden, die dieses Problem ebenfalls erkannt haben. Wenn diese kleine Gruppe dann in der Öffentlichkeit auftaucht, wird sie verlacht, ignoriert, gar verfolgt und eingesperrt. Die Vernunft wird zum Schweigen gebracht. Auch werden die Dummen über die Vernünftigen informiert. Da gibt es dann sogenannte Experten, die wissenschaftlich exakt nachweisen, wie unvernünftig die Vernünftigen sind. Und die Dummen applaudieren und fühlen sich bestätigt. Das geht solange gut, bis die Folgen der Unvernunft alle erreicht haben und die Vernünftigen endlich gehört werden. Aber dann kann es schon zu spät sein. Unter den Vernünftigen werden nun Vorschläge diskutiert, wie das Problem beseitigt werden könnte. Und dann tauchen auch noch die Unvernünftigen mit ihren haltlosen Argumenten auf, um auch jetzt noch jede Umkehr zu verhindern. Die Menschen wollen einfach nicht klug werden.

Wir wollen auch hier versuchen, die Liebe wieder ins Spiel zu bringen. Das Problem besteht in der Loslösung von den

Problemen der gesamten Menschheit. Einzelne setzen ihren Willen gegen den Willen der gesamten Mehrheit durch, weil sie die Mittel und ihre Macht egoistisch einsetzen. Das wird auf die Dauer nicht gut gehen. Aber es ist eben so, dass sie es bis an die Grenze des Erträglichen tun. Die Nächstenliebe als wirkungsvolle Waffe zur Bändigung dieser Kräfte muss jetzt eingesetzt werden.

Aber was kann Nächstenliebe ausrichten, wo sie doch eine rein geistige Waffe ist? Die Nächstenliebe ist aber die einzig wirksame Waffe, über die die Kräfte der Vernunft verfügen. Sie müssen die Kräfte der Unvernunft mit dieser Waffe angreifen. Wir haben bereits an anderer Stelle gesehen, dass die Menschen ihre Liebe auf alle Menschen verstreuen sollen, ohne zu akzeptieren, dass die Kräfte der Unvernunft den Menschen, die sie lieben sollen, Schaden zufügen. Kein Mensch kann das im Grunde verstehen, aber es ist so, dass wir diesen Menschen unsere ganze Liebe senden und sie nicht mit ihren Waffen schlagen. Das führt nur zur Verhärtung der Positionen und zu keiner Veränderung der bestehenden Situation. Die andere Seite kann uns verlachen und weiter demütigen. Das haben sie bereits vorher auch gemacht. Aber jetzt ist die Situation eine andere. Jetzt bilden sich Mehrheiten, die sich artikulieren können und auch gehört werden. Jetzt bekommen die Vernünftigen Zuspruch und Mut und wollen jetzt ebenfalls eine Veränderung, so dass die Herrschenden nicht mehr mit den gleichen Mitteln herrschen können und selbst Veränderungen einleiten.

Das kann ein langer Weg sein, aber auch hier führt Beharrlichkeit zum Ziel.

Ich fragte Gott. Wenn ich mich jetzt an die Spitze einer solchen Bewegung setzen wollte, und ich gehe mit Sicherheit davon aus, dass mir Gott das alles nicht ohne Grund diktiert, wo sollte ich beginnen. Denn ich und viele meiner Freunde sehen ebenfalls, dass in unserer Gesellschaft die Gier nach Geld und Macht der Mächte der Finsternis die Vernunft als moralischen Grundsatz des Handelns völlig ausschaltet.

Und Gott antwortete: *„Du musst bei dem Gebet anfangen. Das Gebet ist der Schlüssel für jede Veränderung zum Guten, und lasse sie beginnen, im Sinne der von Gott gegebenen Erklärungen zu handeln. Das bereits wird der Beginn einer Wende werden."*

Die bedingungslose Liebe als göttliche Liebe

Das ist eine der schönsten Seiten der Liebe, weil sie keine Verluste bringt. Jede menschliche Liebe aber bindet sich an Bedingungen, da sie etwas mit Besitz zu tun hat. Das ist in zwischenmenschlichen Verbindungen ganz normal. Wenn sich zwei Menschen finden, dann finden sie sich zusammen, weil jeder im anderen seine Vorstellungen verwirklicht sieht. Das wird dann als Eigentum betrachtet. Bei den Frauen ist dieser Anspruch naturbedingt stärker ausgeprägt als bei den Männern, weil sich die Frauen den für sie besten Mann auswählen, während sich die Männer ihre Männlichkeit an einer Vielzahl von Beziehungen beweisen wollen. Deshalb sagen sich die Partner ihre Besitzansprüche auch klar ins Gesicht. Wir formulieren das zum Beispiel so, indem wir sagen: Ich liebe dich, weil du schön bist, oder weil du mich verrückt machst, oder vielleicht auch, weil du mollig bist. Insgeheim aber auch, weil du reich bist, oder weil du viel auf dem Konto hast. Das sind alles Begründungen, die auch das Ende einer Beziehung einschließen, wenn die gegebenen Begründungen nicht mehr zutreffen. Auch die Liebe zu den deutlichen Charaktereigenschaften spielt eine große Rolle. Verantwortungsbewusstsein und Verlässlichkeit, aber auch die sexuelle Treue sind entscheidend bei der Partnerwahl. Das wissen alle und jeder hat so seinen Traumpartner gefunden.

Anders ist das bei der bedingungslosen Liebe. Hier spielen Besitzansprüche keine Rolle, weil keine Bedingungen gestellt werden. Eine menschliche Beziehung kann nicht ohne Bedingungen geschlossen werden. Die Liebesbeziehung aber zu Gott ist nicht an Bedingungen gebunden. Gott stellt keine Bedingung an seine Liebe zu den Menschen. Das einzige, was Gott verlangt, ist die Einsicht, dass Gott es ist, der alles geschaffen hat und der auch alles wieder verändern kann, wenn es notwendig ist. Gott lässt sich dabei nicht bevormunden und auch nicht belehren. Gott ist Gott! Auch wenn viele Gottes Liebe ignorieren, so stellt Gott nicht die Bedingung, dass diese Ignoranz erst aufgegeben werden muss, bevor Gott diesem Menschen seine Liebe beweist. Auch versagt Gott nicht demjenigen seine Liebe, der Gottes Kindern Böses antut, auch wenn sie harte Strafen verdient hätten. Gott straft nicht und gibt jedem ausreichend Möglichkeiten zur Umkehr. Und wenn das nicht im jetzigen Leben ist, dann eben in einem weiteren Leben. Gott vertraut Gottes Kindern in allen Zeiten.

Wir wollen das auch hier an einem Beispiel erläutern. Ein Fotograf will ein Bild von einer schönen Frau machen. Diese willigt auch ein und lässt sich nackt fotografieren. Als das Bild fertig ist, weigert sich der Fotograf, ihr das Bild zu geben mit der Begründung, dass er schließlich der Fotograf sei, der das Bild gemacht hätte. Die Frau hingegen behauptet, dass ihr das Bild gehöre, weil es schließlich ihr Körper sei, der auf dem Foto abgebildet wäre. Beide streiten sich und ziehen vor Gericht. Der Richter urteilt nun folgendermaßen: Das Bild gehört keinem von beiden, weil der Fotograf nicht der Besitzer des Körpers wäre und die Frau nicht der Fotograf sei, der das Bild gemacht hätte, und zog das Bild ein.

Was hat dieses Beispiel aber jetzt mit der bedingungslosen Liebe zu tun? Das ist ganz einfach zu erklären. Der Fotograf liebt nicht die Frau, sondern nur seinen Beruf, also nicht das Objekt seiner Liebe, sondern nur das Ergebnis. Die Frau hingegen liebt nicht den Fotografen, sondern nur ihren Körper als Ergebnis auf dem Bild. Bedingungslose Liebe wäre es, wenn beide ihre Liebe nicht auf das Bild konzentriert hätten, sondern auf die Liebe des anderen zu sich selbst. Das aber konnten beide nicht.

Wir sehen also, dass bedingungslose Liebe wirklich frei sein muss von Forderungen an den anderen und auch keine Gefühle der Angst beinhalten darf, wenn etwas aufgegeben werden muss. Die Menschen klammern sich aber an ihren Besitz und können deshalb nicht bedingungslos lieben.

Auch auf einer anderen Ebene können die Menschen ihre Liebe nicht ausleben. Viele Menschen haben Angst, dass ihnen der Ehepartner wegläuft, weil dieser sich in einen anderen verlieben könnte. Wenn das eintrifft, dann kommt es fast immer zu heftigen Auseinandersetzungen bis zum Gericht wegen der Kinder und dem materiellen Besitz. Auch hier wäre es ein Zeichen größter Liebe, wenn der verlassene Partner dem anderen wirkliche bleibende Liebe wünscht. Das ist aber sehr, sehr selten, dass jemand diese Größe besitzt.

Auch auf geistigem Gebiet können wir das beobachten. Beide Partner haben sich gefunden auf einem bestimmten geistigen Niveau und sich deshalb auch gebunden, da jeder sich in seinem Denken im anderen bestätigt hat. Aber im Laufe der individuellen Entwicklung hat sich einer der Partner von dieser geistigen Gemeinschaft getrennt und sich einer Gemeinschaft Gleichgesinnter angeschlossen. Jetzt kommt die bedingungslose Liebe ins Spiel. Wenn der andere Partner wirklich liebt, dann gibt er seiner Liebe dadurch Ausdruck, indem er ihn geistig los lässt und ihm die größte Freude bei seiner neuen Erfüllung wünscht.

Auch hier sehen wir, dass das Freigeben eine Voraussetzung ist für eine wirkliche Liebe zum anderen.

Wir wollen vielen Menschen Gutes tun, und tun das auch, indem wir ihnen von dem geben, was wir haben. Auch denken viele an diejenigen, die in Not geraten sind und alles verloren haben. Das ist echte Nächstenliebe. Aber ist es auch bedingungslose Liebe? Das ist es in der Regel nicht. Denn viele geben nur das, was sie nicht mehr brauchen und nicht das, was sie entbehren wollen, weil sie mehr davon haben, als sie selbst brauchen. Die bedingungslose Liebe beginnt dort, wo der Mensch alles gibt, was der andere zum Überleben braucht, ohne dabei an sich zu denken, weil er weiß, dass dann Gott alles für ihn tun wird und ihm immer beistehen wird. Aber soweit denken die Menschen nicht. Sie behalten alles, um sich zu bereichern, weil sie Gott nicht vertrauen. Wer aber Gott nicht vertraut, der kann auch nicht verlangen, dass Gott ihm vertraut in seiner angeblichen Liebe zu Gott.

Was wollen die Menschen mit den riesigen Vermögen, die sie aufgetürmt haben, machen? Sie benutzen es nicht, um den

Hunger auf der Erde zu beseitigen. Sie verschwenden es für unnötige Dinge anstatt den unverschuldet in Not geratenen Menschen zu helfen. Anstatt es sinnvoll in die Bildung und den Umweltschutz anzulegen, wird es dem natürlichen Kreislauf entzogen und nur noch für die Geldvermehrung angehäuft. Das ist das völlige Gegenteil von bedingungsloser Liebe.

Aber das viele Reden von Gottesliebe und Gottvertrauen täuscht nicht darüber hinweg, dass die Menschen den falschen Weg gehen und sich immer mehr von Gott entfernen. Aber wo soll das hinführen, wenn die Gefühlskälte immer mehr um sich greift und jeder nur noch an sich denkt? Gott kann den Menschen nur raten, endlich zur Vernunft zu kommen und wieder zu Gott zurück zu finden.

Und nun gebe ich dir das Agape-Gebet – das Gebet der bedingungslosen Liebe.

Das Gebet der bedingungslosen Liebe

Gott, der Herrscher aller Welt, wir rufen Gott.

Für mich und alle Menschen dieser Welt bin ich verbunden mit allem Sein.

Ich diene allen Menschen von ganzem Herzen, warum auch immer etwas geschieht.

Tue ich Gutes, für wen auch immer, dann bin ich verbunden, mit wem auch immer.

Was der einzelne tut, kann ich nicht erkennen. Was er bewirkt, ist auch nicht mein Grund, in Liebe mich zu verbinden mit seinem Herzen.

Wenn ich es tu, auch dann werde ich auf seine Liebe zu mir vertrauen.

Auch wenn ich erkenne, dass er mir schadet, dann liebe ich ihn trotzdem um noch viel mehr.

Denn nur durch meine Liebe wird er erkennen, dass wir uns verändern, wenn wir vereint in Gottes reiner Liebe sind.

Die Bedeutung der einzelnen Gebetszeilen

Gott, der Herrscher aller Welt, wir rufen Gott.

<u>Das bedeutet:</u> Gott kennt außer Gott keine weitere Macht. Gott ist der Herrscher über alles, was in- und außerhalb der Erde existiert. Gott will gerufen werden. Der Name Gott ist unveränderbar. Das Wir bedeutet, dass jeder, der Gott ruft, nicht allein ist. Gottes Sohn Jesus und alle Helfer Gottes im Jenseits und im Geistigen Reich Gottes rufen dann gemeinsam mit dir Gott.

Für mich und alle Menschen dieser Welt bin ich verbunden mit allem Sein.

<u>Das bedeutet:</u> Alle Menschen dieser Erde haben ein gemeinsames Ziel. Sie wollen in Frieden leben und glücklich sein. Das ist euer Streben für die ganze Zeit eures Erdenlebens. Die Vernunft soll euch zeigen, wohin euer Weg gehen soll.

Ich diene allen Menschen von ganzem Herzen, warum auch immer etwas geschieht.

Das bedeutet: Jeder Mensch ist eingebunden in das Leben aller Menschen. Auch dein Leben ist ohne das Leben der anderen Menschen nicht denkbar. Du bist auch dann mit allen verbunden, wenn etwas geschieht, was auf dich unangenehm wirkt, weil auch du von den anderen erwartest, dass sie zu dir stehen, wenn du ihnen Unannehmlichkeiten bereitest.

Tue ich Gutes, für wen auch immer, dann bin ich verbunden, mit wem auch immer.

Das bedeutet: Wenn du einem Menschen Gutes tust, dann hat das Bedeutung für alle Menschen. Auch diejenigen, die davon nicht betroffen sind, auch gar nichts davon wissen können, sind in deine Liebe eingeschlossen und gewinnen durch dich pure Liebe.

Was der einzelne tut, kann ich nicht erkennen. Was er bewirkt, ist auch nicht mein Grund, in Liebe mich zu verbinden mit seinem Herzen.

Das bedeutet: Jeder Mensch ist frei in seinem Handeln. Dabei geschehen Dinge, die dir schaden können, auch dein Leben direkt zerstören können. All das ist kein Grund, diesen

Menschen nicht zu lieben. Auch wenn du es nicht akzeptierst, was er tut, so ist das kein Grund, ihn zu hassen oder nach seinem Leben zu trachten. Auch du kannst in eine Situation kommen, wo du Schaden anrichtest und Menschenleben vernichtest, dann erwartest du auch, geliebt zu werden im tätigen Verzeihen.

Wenn ich es tu, auch dann werde ich auf seine Liebe zu mir vertrauen.

Das bedeutet: Auch dann, wenn du deine Aufgaben schlecht erfüllst oder Fehler machst, vertraue auf deinen Nächsten, dass er dir hilft, dich in deiner Unvollkommenheit zu bewähren.

Auch wenn ich erkenne, dass er mir schadet, dann liebe ich ihn trotzdem um noch viel mehr.

Das bedeutet: Der Verbrecher ist nicht dein Feind. Er ist aber auch nicht dein Freund. Er ist ein Verführter der finsteren Mächte, dem du noch mehr Liebe schenken musst als jedem anderen.

Denn nur durch meine Liebe wird er erkennen, dass wir uns verändern, wenn wir vereint in Gottes reiner Liebe sind.

<u>Das bedeutet:</u> Jeder Mensch muss sich vor Gott verantworten. Es ist nicht deine Aufgabe zu richten und zu verurteilen. Du musst ihm helfen, umzukehren und zu Gott zu finden. Erst dann seid ihr vereint in Gottes reiner Liebe.

Die Wirkung der Erde auf die Galaxie

Dieses Kapitel ist wichtig, um euch aus eurer isolierten Betrachtungsweise heraus zu holen.

Die Erde ist ein wichtiger Planet im Universum. Alles, was die Menschen auf der Erde tun, hat Auswirkungen auf die Menschen auf anderen Planeten. Die Menschen der Erde wissen das nicht und können das auch nicht wissen, weil sie die Verbindung zu den anderen Planeten nicht haben. Auch die anderen Planeten hatten bisher keine Verbindung mit der Erde. Die einzige Ausnahme ist Gottes Sohn Fidos, der sich bemühte, über die Kornkreise mit den Menschen zu kommunizieren. Die Menschen verstehen aber seine Sprache nicht richtig und interpretieren alles falsch. Deshalb ist es wichtig, euch diese Zusammenhänge mitzuteilen, damit ihr eure Verantwortung erkennt.

Auch wir, die Wächter des Universums, haben ein Interesse daran, dass die Erde ihren Beitrag erkennt für das gesamte Universum. Nur wenn diese Verantwortung erkannt wird, wird es eine Verständigung geben zwischen allen Planeten. Das Universum hat einen solchen Entwicklungsstand erreicht, das Gott die Kommunikation zwischen den Planeten ermöglichen wird. Das erfordert aber eine totale Umkehr der

Menschen hin zu einem friedlichen Zusammenleben aller Menschen und eine Achtung vor der Schöpfung Gottes. Das müssen die Menschen unbedingt erreichen, weil Gott den weiteren Entwicklungsweg des Universums nur mit solchen Menschen gestalten kann, die ihren Verstand und ihre Vernunft richtig gebrauchen können.

Das ist der Auftrag Gottes an alle Menschen dieser wunderbaren Erde.

Die Erde – ein Teil des unendlichen Universums

Die Erde ist nicht der einzige bewohnte Planet im Universum. Unendlich viele Planeten kreisen um Sonnen im unendlichen Weltall. Ein geringer Teil davon ist mit Menschen bewohnt. Alle bewohnten Planeten werden von Söhnen und Töchtern Gottes gelenkt. Das ist so seit es Planeten gibt. Auch die Erde wird von Jesus, dem Sohn Gottes, gelenkt. Er kam zu euch zuerst als Mensch und dann als Geist Gottes, der den Auftrag hat, die Menschen der Erde wieder zu Gott zu führen, aber nicht so wie es in der Bibel steht, sondern als eine göttliche Frequenz mit direktem Zugriff auf alle Seelen, ganz gleich, ob es eine Pflanzenseele, eine Tier- oder Menschenseele ist. Die Aufgabe der Menschen ist es, wieder vollkommen rein zu werden und sich wieder mit Gott zu verbinden.

Diese Bindung ist durch das Wirken der finsteren Mächte vollkommen verloren gegangen. Sie haben ihre verbrecherischen Ziele mit wirklicher List und Gewalt durchgesetzt und tun das heute noch. Die Menschen sind zu schwach, um sich gegen diese Mächte erwehren zu können. Vor allem haben diese Mächte alle geistigen und materiellen Mittel an sich gerissen und lassen keinen Widerstand zu. Die Menschen der Erde haben es deshalb sehr schwer, um sich aus dieser Gefangenschaft zu befreien.

Die Wächter des Universums, das sind Gott und alle Helfer Gottes, werden dem Treiben dieser Mächte ein Ende setzen, wenn sie die Erde zerstören wollen. Das wird ihnen nicht gelingen, weil die Kräfte der Vernunft auch an Stärke zunehmen werden. Auch werden die Mächte der Finsternis immer schwächer werden, weil sie ihre Kräfte total überschätzt haben und bereits heute entscheidende Abstriche an ihren Zielen vornehmen müssen. Die vielen Toten in den Kriegsgebieten, die vielen Versuche, die Finanzen der Länder in den Griff zu bekommen und die schleichende Verschlechterung der Klimaverhältnisse der Erde sind Ausdruck des Unvermögens der Mächte der Finsternis, die Probleme aller Menschen zu lösen.

Deshalb werden wir in zwei Richtungen vorgehen. Einmal werden wir die Kräfte der Vernunft stärken durch das Gebet Gottes und dessen Umsetzung und zum anderen durch die Schwächung der Mächte der Finsternis.

Die Wächter des Universums erfassen alles, was auf der Erde geschieht, und können ihre Mittel gezielt einsetzen. Das ist keine Strafe, sondern eine Hilfe. Wir lieben alle Menschen der Erde, auch wenn wir das Treiben der finsteren Mächte nicht gutheißen. Deshalb glauben wir fest an eine Wende der Erde zum Guten.

Eine andere Frage ist die wirkliche Verbindung, die die Erde mit den anderen Planeten hat. Die Erde ist kein einsamer Planet ohne Bindung an die Galaxie. Sie ist energetisch eingebunden als notwendiger Teil zur Erhaltung eines Gleichgewichts. Dieses Gleichgewicht garantiert sowohl das Leben auf der Erde als auch auf den anderen Planeten. Wenn dieses Gleichgewicht gestört wird, hat das Auswirkungen auf alle Planeten. Deshalb achten die Wächter des Universums auf die Erhaltung dieses Gleichgewichts. Die Menschen auf den anderen Planeten kennen diese Zusammenhänge eben so wenig wie die Menschen auf der Erde. Aber Gott gibt jetzt den Menschen der Erde diese Zusammenhänge zu wissen, da von den Menschen der Erde die größte Gefahr zur Zerstörung dieses Gleichgewichts ausgeht.

Wie kann durch die Erde das Gleichgewicht zerstört werden? Das geschieht vor allem durch die Strahlungen, die von der Erde ausgehen. Das sind hochfrequente Strahlen, die in die Galaxie abgestrahlt werden, aber völlig unkontrolliert. Diejenigen, die das tun, wissen es nicht, weil sie diese Zusammenhänge nicht kennen und ihnen das auch völlig egal wäre.

Das ist das eigentliche Problem. Die Menschen forschen in verschiedene Richtungen und versuchen, die Welt in ihren Zusammenhängen zu erfassen. Aber sie unterschätzen die Gefahr für das gesamte Universum, wenn sie sich mit zähem Fleiß an Dinge heranwagen, die sie in ihren Wirkungen nicht erfassen können.

Was sind das für Wirkungen? Das sind zum einen die Auswirkungen auf die Pflanzenwelt auf den anderen Planeten. Die Pflanzen dort reagieren viel sensibler auf hochfrequente Strahlen als die Pflanzen auf der Erde. Dadurch kommt es dort zu Ertragsausfällen und zu Hungersnöten. Die Menschen auf diesen Planeten können das nicht verstehen und deuten dies als eine vorrübergehende Angelegenheit. Aber da die

Menschen auf der Erde ihre Forschungen noch intensivieren, wird das ein Irrtum sein, den die Menschen dieser Planeten teuer bezahlen müssen.

Wir nehmen einmal einen Planeten heraus. Es ist der erdnächste Planet Calysto[1], auf dem Gottes Sohn Fidos herrscht. Auf diesem Planeten leben ebenso viele Menschen wie auf der Erde. Aber diese Menschen ernähren sich ausschließlich von Pflanzen und haben keine Alternativen dazu. Die Erträge sind rückläufig, obwohl die klimatischen Verhältnisse stabil bleiben. Die Menschen auf Calysto kennen die Ursache nicht. Sie sind aber in ihrer technischen Entwicklung viel weiter als die Menschen der Erde. Sie könnten mit ihren Lichtenergien die Erde vernichten. Das wäre dann dieses Horrorszenarium, wie ihr es in euren kaputten Fantasien in Filmen zeigt. Aber die Menschen auf Calysto haben nicht den freien Willen bekommen, um Böses tun zu können. Deshalb werden sie auch nicht auf den Gedanken kommen, einen „Krieg der

---

[1] Nach den Informationen, die ich von Fidos erhalten habe, ist der Planet Calysto als der erdnächste bewohnte Planet 300 Lichtjahre von der Erde entfernt. Damit wir uns eine Vorstellung von dieser Entfernung machen können, hier einige Zahlen. Ein Lichtjahr stellt eine Entfernung von 9,5 Billionen Kilometern dar. Diese Zahl mit 300 multipliziert ergibt eine Entfernung von 28,5 Billiarden Kilometern. Zum Vergleich: Die Raumsonde Voyaer 1 wurde 1977 gestartet und erreichte 2013, also nach 36 Jahren einen Abstand von der Erde von 18 Milliarden Kilometern. Das entspricht 18 Lichtstunden.

Sterne" zu beginnen. Aber die Menschen auf Calysto haben ein Recht, ohne Einflüsse von außen ihr Leben zu gestalten. Und das ist jetzt nicht mehr gegeben, weil von der Erde aus dieser Krieg bereits geführt wird. Wir müssen deshalb diese Beeinflussung stoppen, um einerseits das Gleichgewicht zu erhalten und andererseits das Leben auf den Planeten.

Aber auch in einem anderen Zusammenhang werden die Menschen auf den Planeten von der Erde aus beeinflusst. Die Mächte der Zerstörung haben ein starkes Energiefeld ausgebreitet. Dieses Feld strahlt über die Erde hinaus in die Galaxie und droht auch dort, Menschen in ihren Bann zu ziehen. Das geschieht sehr langsam und konnte bisher verhindert werden. Wir werden auch das nicht weiter zulassen. Kaum ein Mensch auf der Erde hat eine Vorstellung davon, wie viel Energie notwendig ist, um das Gute auf der Welt zu erhalten. Deshalb sollten die Menschen der Erde schnell aufgeklärt werden, um ihrer Verantwortung für das gesamte Universum gerecht werden zu können.

Ich frage Gott. Wieso konnte das bisher nicht verhindert werden? Bruno Gröning hat bereits 1950 gesagt, dass die Menschen sich so weit von Gott entfernt haben. Der 2. Weltkrieg war der bisher furchtbarste Ausdruck dieser

Trennung. Warum hat Gott nicht aus dem riesigen Heer der Helfer Gottes reine Seelen in die Erde inkarnieren lassen, die das Fortbestehen, ja kultivieren der finsteren Mächte im Angesicht Gottes hätten verhindern können. Jetzt den Rückgang der Erträge auf anderen Planeten zu konstatieren wäre doch eher ein Ausdruck dafür, es zugelassen zu haben, anstatt zu verhindern.

Gott antwortet: „Das ist so nicht richtig. Die Menschen der Erde haben es immer selbst in der Hand, die Mächte der Finsternis zu vertreiben. Gott lässt den Menschen nach wie vor den freien Willen, um den richtigen Weg einzuschlagen. Aber Gott wird verhindern, dass die Menschen der Erde durch ihre Fehlentwicklungen den Menschen auf anderen Planeten Schaden zufügen."

Die große Verbindung der Planeten untereinander

Die Verbindung der Planeten untereinander ist eine energetische. Das haben wir bereits im ersten Kapitel gesagt. Aber es ist noch viel weitgreifender. Die Planeten haben einen verbindenden Code, der sie täglich und stündlich informiert, was auf den anderen Planeten geschieht. Wie sollten sonst die Söhne und Töchter auf den anderen Planeten erfahren, was ihnen nützt oder schadet? Die vielen kleinen Geschehnisse in der Galaxie, die sich zu großen Ereignissen summieren können, müssen untereinander ausgetauscht werden. Wenn irgendwo eine Sonne explodiert, was ständig geschieht, dann kann das viele Auswirkungen auf andere Planeten haben als gefährliche Strahlung oder auch als Hitzewellen. In solchen Fällen müssen sich die betroffenen Planeten über Schutzmaßnahmen abstimmen. Für die Menschen auf der Erde klingt das sehr utopisch, weil ein solches Ereignis die Erde noch nicht betroffen hat, aber es findet irgendwo in der Galaxie ständig statt. Wir können das nicht verhindern, da das materielle Prozesse sind, die sehr spontan ablaufen. Laufende Prozesse mit einer großen Beständigkeit haben diese Spontaneität nicht und sind deshalb auch berechenbar. Die Erde ist in einem solchen vergleichbar ruhigen Entwicklungszyklus eingebunden, so dass die weitere Entwicklung vorhersehbar ist. Das bietet Gott auch die Möglichkeit, die Entwicklung der Menschen überschaubar beobachten zu können. Diese Verlässlichkeit ist auf vielen anderen Planeten nicht gegeben.

Welche Verbindungen bestehen nun unter den Planeten?[2] Tausende Planeten existieren. Die Entfernungen zwischen

---

2 Gott meint mit Planeten immer die bewohnten Planeten

ihnen sind so groß, dass sie sich untereinander weder sehen noch erreichen können. Jeder Bewohner eines Planeten weiß also nichts über das Leben auf einem anderen Planeten. Da es aber in jedem Planetensystem auch sichtbare unbewohnte Planeten gibt, entsteht bei allen Menschen die gleiche Frage, ob es irgendwo in diesem unendlichen Universum noch lebende Wesen gibt, mit denen eine Kommunikation möglich ist.

Das ist bisher noch keinem Wesen gelungen, einen solchen Planeten zu entdecken. Das ist auch nicht notwendig. Und alle Anstrengungen, in dieser Richtung zu forschen, ist Verschwendung von Forschungskapazität.

Die Menschen auf Calysto haben eine Form gefunden, um über die Informationen in den Kornfeldern der Erde und anderer Planeten wichtige Verbindungsstrukturen aufzubauen. Die Informationen enthalten wertvolle Botschaften für die Menschen dieser Empfangsplaneten. Die Möglichkeiten der Entschlüsselung sind aber auf der Erde kaum gegeben, so dass mit diesen Botschaften sehr hässlich umgegangen wird und kaum eine dieser Botschaften ihren Zweck erfüllt. Gott lässt es jetzt zu, einzelnen Menschen die Erlaubnis zu geben, mit Söhnen und Töchtern Gottes auf anderen Planeten in eine Verbindung zu treten. Das aber nur deshalb, um den Menschen ihre Verantwortung für die Erde und die Galaxie bewusst zu machen.

Die einzelnen Planeten erfüllen wechselseitige Aufgaben, die für andere Planeten wichtig sind. Das bedeutet, dass unter den Planeten ein Abhängigkeitsverhältnis besteht. Das bedeutet weiter, dass kein Planet ohne den anderen existieren kann.

Das wollen wir jetzt etwas genauer erklären.

Die Erde hat im System der Planeten die Aufgabe, die Versorgung mit Sauerstoff zu sichern. Der Sauerstoff wird auf der Erde produziert und gelangt über die Verbindung zur Sonne in den galaktischen Bereich. Die Sonne des Planetensystems, in dem sich die Erde befindet, verdichtet den Sauerstoff zu einer flüssigen Substanz, die wir Fulion nennen. Diese Substanz kann jetzt von den anderen Planeten abgerufen werden, wenn der Bedarf da ist. Der Transport erfolgt über lineare Energien, die sehr schnell sind, und auf dem kürzesten Wege zu den Planeten gelangen. Die Menschen der Erde haben dieses System bisher noch nicht erkannt. Das können sie auch nicht, weil es völlig unbemerkt abläuft. Das eigentlich für die Menschen sichtbarste Zeichen ist das

Wechselspiel zwischen Hochdruck- und Tiefdruckgebieten. Wenn der Druck tief ist, dann saugt die Sonne Sauerstoff ab. Wenn der Druck hoch ist, dann ist eine Sättigung erreicht. Damit es für die Erde nicht zu einseitigen Wetterbildungen kommt, wechseln sich Hoch-und Tiefdruckgebiete ab. An den Polen und dem Äquator werden die Energiedifferenzen ausgeglichen. Auch das verwandte Medium Wasser hat eine wichtige Funktion in diesem System. Es dient als Speicher für den Sauerstoff und ist deshalb besonders wertvoll für das gesamte Universum. Auch das Pflanzenwachstum dient der ständigen Produktion von Sauerstoff. Das müsst ihr wissen, damit ihr sorgsam mit eurer Umwelt umgeht.

Auch die anderen Planeten haben ihre Aufgaben im Gesamtsystem des Universums. Der Planet Pico zum Beispiel hat die Aufgabe, den gesamten Wasserstoff für die Planeten zu produzieren. Das geschieht auf die gleiche Art wie die Produktion von Sauerstoff auf der Erde. Der Wasserstoff wird dort aus dem Wasser destilliert und auf natürliche Weise in den Weltraum gebracht. Ihr könnt das erkennen an den dichten Wolken auf der Erde. Ist der Luftdruck niedrig, wird Wasserstoff angesaugt und als Regen abgegeben. Das geschieht ständig. Ihr glaubt immer, dass die Wolken nur deshalb entstehen, weil die warmen Gewässer Feuchtigkeit abgeben. Aber das kann nicht aufgehen, weil die Wolken auch dort entstehen, wo es kein Wasser gibt. Wir können das vergleichen mit einem Windrad. Das Windrad dreht sich immer in die Windrichtung, und so richtet sich auch der Wasserstoff immer in die Richtung, wo das größte Defizit ist.

Andere Planeten haben noch weitere Funktionen zu erfüllen. So muss der Planet Lyra im Sternbild Waage die Planeten mit Mangan versorgen. Mangan ist notwendig für die Entwicklung der Erdwärme in der Atmosphäre. Wenn diese Erdwärme fehlt, würdet ihr alle erfrieren. Die Tausende von weiteren Planeten, auf denen Menschen wohnen, erfüllen mit ihren speziellen Aufgaben im Gesamtsystem des Universums die Vorgaben Gottes, um das Funktionieren des Lebens zu gewährleisten. Auch haben die Helfer Gottes spezielle Aufgaben zu erfüllen. Überall werden sie mit der Sicherung der Versorgung der Planeten eingesetzt.

Mir kam plötzlich der Gedanke nach der Sinnhaftigkeit dieser komplexen Aktivitäten Gottes in den Kopf. Warum das alles? Gott hätte doch ohne lebendige Wesen als materialisierte energetische Frequenzen ein viel „ruhigeres Leben", zumal einige Sorgenkinder dem gesamten System noch zusätzlich gehörig schaden können. Ich brauchte wie immer diese Bedenken gar nicht zu äußern. Gott reagierte darauf sofort. *„Das ist so, weil das Leben die wichtigste Form von Liebe ist."*

Die wichtigste oder die höchste Form? *„Die wichtigste Form. Die höchste Form ist die bedingungslose Liebe. Du musst Gott nicht unterbrechen. Alle deine Fragen bekommst du beantwortet."* Entschuldigung.

Die Erde ist in diesem System der wichtigste Planet, weil die Menschen die zusätzliche Aufgabe der seelischen Reinigung aus eigener Kraft bekommen haben. Eine solche Aufgabe hat kein weiterer Planet bekommen. Wir wollen daraus Schlussfolgerungen für das gesamte Universum ableiten können. Dieses Experiment kann sogar scheitern, wenn es nicht gelingt, die Mächte der Zerstörung zu bändigen. Auch auf anderen Planeten hat Gott solche Experimente durchgeführt. Sie sind alle gescheitert, weil die Kräfte der Zerstörung ihren Planeten vernichtet haben. Aber auf der Erde hat Gott andere Ordnungskriterien eingebaut, die diese Selbstzerstörung verhindern sollen. Dazu gehören die Vernunft der Menschen und ihr angeborenes Streben, nur Gutes tun zu wollen.

Wir, die Wächter der Erde, beobachten deshalb jede Veränderung in dieser Richtung, um zu verhindern, dass die Erde das gleiche Schicksal erleidet, wie andere Planeten vor ihr.

Die Erde als Zufall oder als gewollte Schöpfung Gottes

Was kann Gott bewirken? Kann Gott die Gestirne einfach hin und her schieben, wie es Gott gefällt, oder ordnet sich alles wie von selbst? Diese Frage stellen sich viele Menschen im Universum. Auch beinhaltet diese Frage die Allmacht Gottes als Herrscher dieser Welt. Wir wollen diese Frage mit einem Experiment versuchen zu beantworten.

Die Daseinsform der Materie ist die Schwingung. Das ist bekannt. Aber weniger bekannt ist die Tatsache, dass die Schwingung kein Zufall ist. Wenn das so ist, dann muss hinter jeder Schwingung eine Absicht stecken, die einem Ziel dient. Und das ist der Geist, der hinter dem Ziel wirkt. Auch die Materie als Ganzes ist durchgeistigte Schwingung. Das muss man verstanden haben, sonst kann man das Ganze nicht verstehen. Wenn also Tausende von Planeten in einer bestimmten Konstellation zueinander stehen, dann steht dahinter die Absicht Gottes, auf diesen Planeten Leben zu ermöglichen. Auch die an sich unbewohnten Planeten haben in diesem System eine Funktion. Sie sorgen für das Gleichgewicht in der Galaxie, ohne das die gleichmäßige Entwicklung des Lebens nicht möglich wäre. Die verschiedenen Verbindungen zwischen den Planeten sorgen dann wiederum für eine gleichmäßige Entwicklung auf allen Planeten. Die Unterschiede in der Entwicklung der Planeten auf technischem Gebiet sind dadurch entstanden, dass überall dort, wo die Vernunft das Handeln diktiert, die größten Fortschritte überall zu erkennen sind. Wenn die Interessen der Menschen durch Hass und Gier gelenkt werden, dann stagniert die Entwicklung oder verläuft sehr langsam, wie zum Beispiel auf der Erde. Andere Planeten sind da viel weiter entwickelt. Sie beherrschen zum Beispiel das Licht als Antriebsquelle

Frage an Gott. Wie geschieht das? *„Das ist so: Sie haben Apparate entwickelt, die das Licht aufsaugen und in Zentrifugen komprimieren. Dann wird diese Energie weiter verdichtet und in Batterien gespeichert. Dann werden diese Batterien in verschiedene Fortbewegungsmittel eingesetzt."* Kann ich mit dem Planeten in Verbindung treten, auf dem diese Technologie am besten ausgereift ist, um diese auch auf der Erde anwenden zu können? *„Das ist möglich. Aber erst müssen auf der Erde Bedingungen geschaffen werden, damit diese Technik ausschließlich friedlichen Zwecken dient."*

Auch lassen sie die Tiere für sich arbeiten, weil diese das brauchen.

Wie ist das zu verstehen? *„Das sind Mikroorganismen, die das Erz zerkleinern und die Mineralien in reiner Form abgeben."*

Auf anderen Planeten gewinnen die Menschen aus der Atmosphäre Lichtquanten und benutzen diese zur Heizung. Auf vielen Planeten entsorgen die Menschen ihren Abfall auf dem Abgrund der Gebirge und gewinnen daraus neue Produkte für die Landwirtschaft. Das spart viel Energie und hält den Planeten sauber.

Die Menschen dieser Planeten haben in den Tälern der Gebirge riesige Sammelanlagen für Abfälle. Durch Zugabe von Abbaustoffen werden diese Abfälle umgewandelt in Dünger. Frage: *Auch Plaste, Glas und Metall?* Diese Stoffe gibt es auf den anderen Planeten nicht in dieser Form, sondern als abbaufähige Behältnisse.

Auch die Reinhaltung der Luft ist überall besser organisiert als auf der Erde. Das Bewusstsein für das gesamte ökologische System ist dort stark ausgeprägt.

Das alles sind aber nicht die entscheidenden Unterschiede zwischen den Planeten. Die wesentlichen Unterschiede liegen in der Qualität der Gottesnähe. Das müssen alle Menschen lernen.

Wie aber erlernt man Gottesnähe? Auf der Erde glauben die Menschen, dass sie nahe bei Gott wären, wenn sie in die Kirchen gehen. Das ist ein großer Irrtum. Die Nähe zu Gott zeigt sich im Tun und nicht im Gebet. Wer das Gebet Gottes betet, der begibt sich in die Nähe von Gott. Aber ob er in dieser Nähe bleibt, zeigt sich im Befolgen der Forderungen des Gebets. Und Gott erkennt genau Wahrheit und Lüge im täglichen Handeln. Die Menschen auf anderen Planeten lernen Gottesnähe von klein an. Sie beten das Gebet Gottes und begeben sich in die Obhut ihrer Eltern, die sie lehren, nur Gutes zu tun. Dadurch sind die Verfehlungen gering und Hass und Gier finden keinen Ansatz. Auch das Geld ist auf vielen Planeten Zahlungsmittel, aber es darf nicht zur eigenen Bereicherung dienen.

Wir sehen also, dass sich die Menschen sehr unterschiedlich Gott nähern und auch sehr unterschiedliche Verhaltensweisen haben. Das sieht Gott alles und sorgt sich auch um alles.

Manchmal finden wir auch Planeten, auf denen Gott überhaupt keine Rolle zu spielen scheint. Aber trotzdem sind die Menschen dort sehr nah bei Gott, weil sie nichts Böses tun. Vielleicht ist das sogar die beste Art, Gott zu lieben.

Frage an Gott. Auf der Erde haben wir aber auch viele Menschen, die zwar wissen, dass viel von Gott gesprochen wird, bei denen aber Gott auch keine Rolle spielt, und trotzdem tun sie nichts Böses. *„Das ist richtig. Nur auf der Erde ist das eine Oppositionshaltung und keine Form der Annäherung an Gott. Diese Menschen wollen auch keine Nähe zu Gott finden und bieten deshalb ein breites Wirkungsfeld für die finsteren Mächte."*

Dass Liebe und Nächstenliebe das Handeln der Menschen bestimmen sollte, wissen viele. Aber überall finden wir Menschen, die nur an sich denken. Gott lässt auch hier seine Liebe walten und vertraut auf die Menschen, dass sie zu Gott zurück finden.

Die Galaxie als Garantie für die Existenz der Erde

Die Galaxie, in der sich die Erde befindet, besteht aus unzähligen Sonnen und unbewohnten Planeten. Auch die Sonne der Erde ist ein solch kleiner Teil dieser Galaxie. Auf allen Planeten dieses Systems haben die Materialien einen Einfluss auf die Existenz der Erde. Der Mars als erdnächster Planet hat die Aufgabe, die Informationen von der Sonne zu bündeln und sie an die Erde weiter zu geben. Diese Informationen kommen aus der Galaxie und betreffen den Bedarf an Sauerstoff der Planeten in der Galaxie.

Der Saturn hat die Aufgabe, alles zu schlucken, was die Atmosphäre der Erde verunreinigen könnte. Er hat weiter die Aufgabe, die Informationen der weiten Galaxien zu filtern und nur das an die Erde weiter zu geben, was für ihre Existenz notwendig ist. Das sind zum Beispiel Informationen über Lichtwolken, die die Erde erreichen werden. In solchen Fällen verdichtet sich die Atmosphäre und lässt diese Strahlung nicht durch. Auch wird der Saturn eine Barriere errichten, um Partikel abzufangen, die als Meteoriten die Erde täglich treffen könnten. Der Saturn mit seinem Mond auf der abgewandten Seite, den ihr nicht sehen könnt, fängt zum Beispiel die schädlichen Alphawellen ab, die das

Informationssystem der Erde zerstören würden.

Die Venus, die ihr so gern als Stern der Liebe bezeichnet, hat die Aufgabe, die Verbindung zwischen den Planeten eures Sonnensystems zu gewährleisten. Das ist wichtig, weil sich die Bahnen der Planeten nicht immer gleich vollziehen. Diese Abweichungen verändern auch die seismischen Verhältnisse und können zu verheerenden Beben führen. Das wird dadurch verhindert. Die Beben, die auf der Erde dennoch ständig stattfinden, haben ihre Ursachen in tektonischen Verschiebungen und Übertragung von Spannungen auf die Erdböden, die dann plötzlich aufreißen. Diese Beben sind aber harmlos im Vergleich zu den seismischen Beben, die durch das Wirken der Venus verhindert werden.

Der Jupiter als der größte Planet des Systems ist verantwortlich für die vollständige Abwehr der vielen Strahlen aus dem Universum.

Die anderen Planeten sind ebenfalls mit Aufgaben eingebunden, die aber lediglich das bisher Gesagte ergänzen würden.

Der Mond der Erde ist am wichtigsten für die Existenz des Lebens auf der Erde. Die Energie des Mondes sichert das Wachstum der Pflanzen, reguliert die Fruchtbarkeit der weiblichen Wesen und verhindert die vollständige Dunkelheit auf der Erde.

Wenn ihr euch einmal dieses gesamte Wechselspiel genau betrachtet, dann müsstet ihr erkennen, dass es wohldurchdacht ist und nicht zufällig geschaffen wurde. Ihr müsstet auch erkennen, wie klein eure Bemühungen sind, dieses Gesamtsystem mit euren wissenschaftlichen Methoden erfassen zu wollen. Ihr könnt das auch weiterhin tun. Ihr werdet aber den Kern des Ganzen nicht erkennen können. Das ist auch nicht notwendig, denn es verschlingt nur unnütz große Summen, die für andere Zwecke sinnvoller verwendet werden könnten. Wenn ihr auf Gott vertraut, dann werdet ihr auch in Zukunft wohlbehütet leben können.

Frage an Gott. Welche Bedeutung haben die erdmagnetischen Felder, das sogenannte Hartmann-Gitter bzw. das Benker'sche Kubensystem? Gott antwortet: *„Das sind magnetische Strukturen, die um die ganze Erde gelegt sind. Damit kann Gott der Erde die Energie geben, die sie braucht. Gleichzeitig sind diese Strukturen Informationsgeber für die Wächter des Universums. Die Hartmann-Struktur* (2 m x 2,50m, P.S.) *ist die kleinste Einheit. Sie dient der Information. Das Benker'sche Kubensystem*

(10x10x10m, P.S.) dient der Energieversorgung. Für die Menschen ist es wichtig, diese Strukturen zu kennen, da sie das Verhalten der Tiere und Pflanzen bestimmen. Die einen halten sich gerne in den Flächen auf, die anderen auf den energiestarken Kreuzungspunkten. Dadurch kann der Mensch diese Strukturen ohne Hilfsmittel erkennen. Der Mensch sollte sich nicht auf den Kreuzungspunkten aufhalten."

Frage: Die Menschen haben den Monaten des Jahres Sternbilder zugeordnet und leiten daraus Charaktereigenschaften für die in diesen Monaten geborenen Menschen ab.

Gott antwortet: *„Das ist Unsinn. Die Sternzeichen sind bestimmte Sternkonstellationen, wie sie von der Erde aus zu sehen sind. Aus einer anderen Perspektive der Galaxie existieren sie nicht. Sie haben keinen Einfluss auf den Menschen, weil sie kein energetisches System darstellen, das Einfluss ausüben kann. Aber die Konstellation der Planeten und der Geburtsort haben eine prägende Wirkung auf das neue Leben, weil diese Konstellation ein energetisches Muster ist, das genau in diesem Moment wirkt. Auch die*

Zeit der Geburt ist prägend. Es ist ein Unterschied, ob ein Kind am Tage, also im Sonnenlicht, oder nachts geboren wurde. Das wirkt sich wie folgt aus: Der Säugling, der zum Beispiel am Tage im Sternbild Wassermann geboren wurde, ist hellsichtiger als ein Säugling, der im gleichen Sternbild nachts geboren wurde. Oder Säuglinge, die im Sternbild Skorpion geboren werden, sind aggressiver als die, die im Sternbild Widder geboren werden, weil an diesen Tagen die Planeten unterschiedliche Energien abstrahlen. Die Konstellation des Mondes hingegen hat keinen prägenden Einfluss. Jeder Geburtsort befindet sich in einer bestimmten Stärke des Magnetfeldes der Erde. Das hat Auswirkungen auf die Blutbildung. Je näher die Menschen zu den Polen geboren werden, desto geringer wird die Sauerstoffaufnahme des Blutes. Das ist fast unbedeutend gering, aber dennoch hat es Einfluss auf das Temperament der Menschen.

Jeder Mensch ist von vielen Faktoren geprägt. Die entscheidende Prägung erhält der Mensch im Mutterleib. Dann erfolgt die Prägung durch das Vorbild der Eltern, dann durch die Erziehung. An letzter und unbedeutendster Stelle kommt die Prägung durch die planetare Konstellation. Die Menschen sollten sich mehr auf die Verantwortung für ihre Kinder konzentrieren als auf den weiteren Einfluss durch die Sterne."

nen Ansichten über die Galaxie

...axie der Erde ist wie eine Scheibe spiralförmig angeordnet. Am äußersten Rand befindet sich das Sonnensystem der Erde mit allen Planeten. Das garantiert, dass das System an der langsamsten Stelle der Galaxie nicht in den Sog der Spirale gelangt. Die Geschwindigkeit beträgt 4000 Kilometer in der Sekunde. Das ist wenig im Vergleich zum inneren Ring mit 40.000 Kilometer in der Sekunde. Die Erde kann dadurch sehr gleichmäßig rotieren und die Bewegungen der wechselnden Zeiten ausgleichen. Das sind Schwankungen im Umlaufverhalten der Erde. Die Erde ist dadurch gesichert und kann das Klima aufrechterhalten, das zur Entwicklung der Wesen erforderlich ist. Vor allem muss man bedenken, dass die Rotation des Universums nicht immer gleich ist. Es gibt langsame und schnelle Phasen, die nicht immer sofort ausgeglichen werden. Das hat zur Folge, dass es auf der Erde unterschiedliche Temperaturen in den einzelnen Jahreszeiten gibt. Einmal ist es wärmer, einmal kälter. Die Menschen meinen, dass das etwas mit den Sonnenwinden zu tun hat. Das ist aber nicht richtig. Das ist ein anderes Phänomen. Wenn es auf der Sonne zu Eruptionen kommt, dann bedeutet das, dass kältere Teile von innen nach außen geschleudert werden. Denn im Inneren der Sonne herrschen oft auch Minusgrade. Das geschieht immer dann, wenn von der Erde zu viel Sauerstoff angesogen wurde, der wieder ausgeschieden wird. Diese Eruptionen verteilen sich auf die einzelnen Jahreszeiten der Erde sehr unterschiedlich, weil die Produktion von Sauerstoff in den einzelnen Jahreszeiten auch sehr unterschiedlich ist, zumal der Winter auf der Südhalbkugel der Erde kürzer ist. Im Sommer ist die Produktion höher als im Winter.

Die Sonnenflecken, die ihr auf der Vorderseite eurer Sonne sehen könnt, sind riesige Sauerstoffspeicher, die sich in Abhängigkeit von der Menge des Sauerstoffs vergrößern oder verkleinern. Der atomare Verbrennungsprozess, der die Hitze und eine an sich für euch tödliche Strahlung erzeugt, vernichtet nicht die Sauerstoffspeicher, da diese bis ins Innere der Sonne reichen und gut gekühlt sind. Dort herrschen bis zu 50 Grad Minustemperaturen, während es an der Oberfläche mehrere Millionen Plusgrade sind. Das ganze System von Auswurf und Ansaugen von Sauerstoff wird von den weiteren Galaxien gesteuert, die die Verteilung des Sauerstoffs auf die weiteren Planeten vornehmen. Ihr könnt also erkennen, dass eure Vorstellungen von der Funktion eurer Sonne in den Galaxien völlig anders sind. Das ist verständlich, da ihr die Möglichkeiten nicht habt, diese Prozesse untersuchen zu können.

Wir wollen noch eine andere irrtümliche Vorstellung aufklären. Die Menschen meinen, dass die Erde aus dem Urknall entstanden sei. Das ist so nicht richtig. Die Galaxie der Erde hat sich aus der Explosion eines Schwarzen Loches ergeben, die vor Milliarden von Jahren geschah. Dadurch ist ein Spiralnebel entstanden, der sich allmählich verdichtet hat, und wie bei der Geburt eines Menschen mit einer Seele ausgestattet wurde. Dadurch hat die Galaxie die Verbindung zu Gott aufnehmen können und dadurch die Verbindung mit dem gesamten Universum.

Die Vorstellung, dass sich das Universum ausdehnt, ist so auch nicht richtig. Die Galaxien wandern durch das Universum, aber mit unterschiedlicher Geschwindigkeit. Das führt zu der Vorstellung, dass sich die Galaxie der Erde von den anderen Galaxien entfernt, was in der Erscheinung den Eindruck der Ausdehnung erzeugt. Durch die unterschiedlichen Geschwindigkeiten kommt es auch zu Kollisionen zwischen einzelnen Galaxien, dann kommt es zur Entstehung einer Supernova, wie ihr sagt.

Wir wollen noch vermitteln, was Gott in diesem gesamten System unter Zeit versteht. Aus der Sicht der Erde laufen alle diese Prozesse in einer kaum wahrnehmbaren Geschwindigkeit ab, so dass ihr dadurch Zeitabläufe registrieren könnt. Das ist aber bei Gott anders. Bei Gott existiert die Zeit an sich nicht. Sie ist etwas sehr Relatives und überall unterschiedlich. Bei Gott gibt es immer nur den richtigen Zeitpunkt, wann etwas zu geschehen hat.

Wir wollen das an einem Beispiel erklären. Vielen Menschen wollen geheilt werden. Das ist verständlich, weil die Krankheit sie entwürdigt und ihnen den freien Willen nimmt. Wann die Heilung erfolgt, ist abhängig von der Erkenntnis des Kranken über die Ursachen ihrer Entstehung. Wenn er die Ursachen nicht erkennt, wird er sterben müssen. Erkennt er seine Verfehlungen und ändert er daraufhin seine Lebensgewohnheiten, die die Krankheit verursachten, dann ist der Zeitpunkt der Heilung gekommen. So ist es überall im Universum.

Wir haben nun versucht, etwas Klarheit über die Funktion der Erde in der Galaxie und im Universum zu vermitteln. Vieles wird auf Unverständnis stoßen, weil es den bisherigen Horizont der Betrachtung sprengt. Aber auch das ist notwendig, damit ihr die ganze Liebe Gottes für euch Menschen erkennt und ihr für eure Erde kämpft, damit sie euch erhalten bleibt, wie Gott sie geschaffen hat.

Bei mir und auch allen Lesern wird nun eine Frage immer lauter, was ist das eigentlich für ein Gott, der das zu uns sagt. Mit Sicherheit ist es nicht der Gott, wie er uns in den steinernen Gebäuden verkündet werden soll. In dem Abschnitt „Das Leben – ein Geschenk Gottes" wird Gott sehr deutlich, indem Gott uns zuruft, Gott im lebendigen Leben zu suchen und nicht in alten Bibeln. Gott will, dass wir uns einmischen und etwas tun.

Dazu möchte ich fünf Botschaften anführen:

Am 7. April 2013 erschien im „Schweriner Blitz am Sonntag" eine Leserzuschrift zu den Chemtrails, ein von den Mächten der Finsternis und ihren Vasallen totgeschwiegenes Verbrechen an unserer Atmosphäre, der Natur und den Menschen. Mitten im Diktat zum ersten Kapitel dieses Buches blieb mein Pendel stehen. Gott sagte dann, dass ich erst eine andere Aufgabe zu erfüllen hätte. Ich soll eine Lesermeinung zu den Chemtrails schreiben. Und dann übermittelte Gott folgenden Beitrag, den ich meiner Frau diktierte und der dann am 14.04.2013 veröffentlicht wurde:

„Endlich hat jemand den Mut gefunden, ein Thema anzusprechen, das von den Politikern, die lt. Verfassung geschworen haben, alles zu unternehmen, um Schaden vom deutschen Volk abzuwenden, verschwiegen wird. Auch die verantwortlichen Stellen in den Umweltministerien würgen jede Diskussion um die Verschmutzung der Atmosphäre durch die sogenannten Chemtrails ab. Es ist deshalb ein mutiger Schritt, dass endlich einer dieses Verbrechen an allen Menschen, vor allem aber an unseren Kindern, offen ausspricht, und auch, dass der Blitz den Mut hat, diese Leserzuschrift zu veröffentlichen. Wir sollten es alle nicht länger hinnehmen, dass die Lebensgrundlage aller Menschen vernichtet wird."

Eigene Ergänzungen durfte ich nicht vornehmen. Erst als ich diesen Beitrag an den „Blitz" gemailt hatte, ich es also wirklich getan hatte, setzte Gott die Durchsagen zum ersten Kapitel fort.

Am 4. und 5. Juni 2013 hatten wir einen wunderbaren blauen Himmel, wenn da nicht wieder diese Flugzeuge ihre giftige Brühe versprüht und einen Schleier über den Himmel gezogen hätten. Ich fragte Gott, wie lange Gott dem Treiben dieser zerstörerischen Kräfte noch zusehen will. Und Gott antwortete, dass Gott das jetzt beenden wird. Am 5. Juni morgens gab mir Gott folgende Botschaft: *„Du sollst heute in Verbindung kommen mit einem Sohn Gottes auf dem Stern Huna. Er wird dir mitteilen, wie Gott die Chemtrails zerstören wird."*

„Mein Name ist Fawe vom Planeten Huna. Ich soll dir berichten, wie wir diese Chemtrails verhindern werden. Wir werden diese Flugzeuge am Boden zerstören durch unsere Strahlen und die Chemikalien neutralisieren. Das geschieht in den nächsten Tagen. Ihr werdet befreit werden von dieser Gefahr."

Seit dem 06. Juni 2013 habe ich über unserem Ort keine Chemtrail-Streifen mehr beobachten können.

Am 09. April 2013 bat ich Gott um Gottes Meinung zu der Drohung der Führung Nordkoreas, Atomwaffen einsetzen zu wollen. Gott antwortete: *„Das ist eine schlimme Situation. Die Menschen begreifen nichts, aber auch gar nichts, was Gott will. Gott wird es nicht zulassen, dass diese Kräfte Atomwaffen einsetzen."*

Wie Gott diese Situation entschärft hat, erfahren wir im Abschnitt „Die Erde und die Verbindung zu Gott".

20.04.2013 sagte Gott: *„Da ist etwas, was du wissen solltest.*

Es wird in der nächsten Zeit auf der Erde eine weitere Frequenzerhöhung geben. Das ist notwendig, weil es Kräfte gibt, die einen Keil zwischen der aufgestauten Wut der Menschen und die Kräfte der Zerstörung treiben wollen. Ihr werdet es dadurch erfahren, dass es auf der Erde viele Katastrophen geben wird, die die Mächte der Finsternis verunsichern. Die ersten kleinen Aktionen sind bereits geschehen und treffen vor allem die Zentren der Mächte der Finsternis. Sie finden wenig Mittel, ihre Verunsicherung zu verstecken. Sie glauben immer noch, dass sie die Situation beherrschen, aber sie können den Ausbruch weiterer Aktionen nicht verhindern. Ihr sollt das wissen, damit ihr diese Ausbrüche als Form der Reinigung der Erde einordnen könnt."

Am 28. April 2013 stockten plötzlich die Informationen und Gott sagte, dass ich erst eine andere Aufgabe zu erfüllen hätte. Ich sollte wieder eine Lesermeinung für den hiesigen Sonntags-Blitz schreiben. Und Gott diktierte:

„Das Geld ist eine Macht und seine Macht führt zum Betrug. Auch diejenigen, die genug davon haben, unterliegen dieser Macht und finden es auch nicht unmoralisch, wenn sie das, was ihnen nicht zusteht, auch noch behalten. Im aktuellen

Fall eines sehr bekannten Sportfunktionärs schlagen derzeit die Wellen hoch, und alle sind empört, weil sie meinen, auch ihre Wahrheit gefunden zu haben. Vor allem sind es die Verlierer dieser Gesellschaft, die sich empören, weil es eigentlich das Geld ist, das ihnen zugutekommen sollte. Aber diese Gesellschaft lebt schon seit jeher mit dem Problem des Steuerbetruges, ohne dass die Politik trotz eindeutiger Gesetze nichts Wirksames gegen die Steuerbetrüger unternimmt. Warum ist das so? Weil sich die Reichen dieser Gesellschaft die Politik schon lange untergeordnet haben. Wer etwas wirklich will, der setzt es auch durch.

Aber das Geld der Steuerzahler ist das eine, seine Verwendung eine andere. Es ist doch gerade so, dass diejenigen in den Amtsstuben am lautesten schreien, die diese Steuermilliarden mit beiden Händen für sinnlose Ausgaben verpulvern, vor allem in die Rüstung und ergebnislose Kriegseinsätze.

Deshalb könnte der aktuelle Fall eher eine andere Diskussion auslösen, nämlich die der gerechten Verteilung und sinnvollen Verwendung der Steuereinnahmen. Wer hinterzieht, macht sich strafbar, wer es verschleudert, nicht. Das kann keine Gerechtigkeit sein in einem Land, das sich Gleichheit und Gerechtigkeit auf die Fahne geschrieben hat."

Diese Leserzuschrift wurde unter meinem Namen am 12. Mai 2013 veröffentlicht. Das ist aber Gottes Wort, nicht meines. Ich wollte noch etwas Verschärfendes dazuschreiben, aber Gott wollte an Gottes Worten keine Veränderungen dulden.

Am 11. Juni 2013 rief ich Bruno Gröning und sagte ihm, dass wir am Donnerstag wieder unsere Gemeinschaftsstunde haben, aber bereits in der letzten Stunde kein Gedicht von ihm persönlich hatten. Bruno Gröning sagte: *„Das ist nicht so einfach zu machen. Jetzt kann ich das nicht."* Dann hast du aber sicher eine Botschaft für alle Freunde unserer Gemeinschaft. Und Bruno Gröning sagte, dass ich folgende Botschaft den Freunden am Donnerstag übermitteln soll: *„Liebe Freunde. Wenn ihr heute zusammen kommt, dann bitte ich euch, für alle die Menschen zu bitten, die von dem Hochwasser betroffen sind. Sie brauchen euren Beistand und eure ganze Liebe. Die Menschen, die dafür die Verantwortung tragen, haben diese Menschen verraten. Anstatt die Deiche auszubauen, verpulvern sie das Geld für zerstörerische Zwecke und lassen diese Menschen in ihrem Unglück allein. Sorgt dafür, dass die Vernunft endlich das Handeln der Verantwortlichen lenkt und nicht die Gier nach Macht."*

Bruno Gröning drückt damit genau das aus, was viele Menschen in ihrem Inneren empfunden und auch gedacht haben.

Die Verbindung des Menschen mit der Seele

Ich habe doch bereits im ersten Buch den Mechanismus der Seelenreinigung beschreiben dürfen. Gott: *„Das ist richtig, aber jetzt erfolgt die richtige Darstellung aller Funktionen der Seele."*

Die Seele als ewiges Sein

Die Verbindung des Menschen mit der Seele ist die wichtigste Verbindung, die ein Mensch in seinem Leben eingeht. Die Verbindung wird immer wieder hergestellt, sobald ein Mensch auf die Erde kommt. Die Seele wird den Menschen solange verbinden, solange Körper und Geist existieren. Erst wenn Körper und Geist ihre Tätigkeit eingestellt haben, wird die Seele zu Gott zurückkehren. Die Seele ist deshalb das ewige Sein des Menschen. Sie ist unsterblich. Das ist das Wichtigste, was ihr begreifen müsst. Wenn der Mensch geboren wird, erhält er sofort seine Seele wieder, die er auch schon im letzten Leben hatte. Aber diese Seele ist jetzt wieder rein. Sie wird ihm der beste Ratgeber sein in allen Lebensfragen. Die Seele kennt seine ganzen Vorleben und kann ihn warnen, wenn er beabsichtigt etwas zu wiederholen, was bereits in einem früheren Leben zu einer Belastung der Seele geführt hat. Die Seele weiß alles und kennt alles, weshalb sie eben der beste Ratgeber ist. Die Seele wird aber nichts Eigenes tun. Sie beobachtet lediglich und registriert alles, was der Mensch tut. Die Seele hat keine Gefühle und ist weder gut noch böse. Das darf sie alles nicht haben, da sie ansonsten in den freien Willen des Menschen eingreifen würde. Mit der Seele kann der Mensch aber sprechen, sie rufen und bitten, die richtigen Verbindungen zu Gott herzustellen. Auch kann der Mensch über die Seele zahlreiche Helfer Gottes anrufen, die richtigen hilfreichen Energien der Heilung zu schicken. Das ist täglich notwendig, weil nur so der Mensch in die

Nähe von Gott kommt. Der Mensch muss das wissen, dass er diese Verbindung immer braucht, um ein Leben in Glück und Freude führen zu können.

Wir wollen versuchen, die Funktion der Seele an einem Beispiel zu erklären.

Der Mensch steht mit vielen Dingen und Wesen tagtäglich in Verbindung, ansonsten kann er sich nicht in dieser Welt zurechtfinden. Er muss werten und prüfen, ob das, was um ihn herum geschieht, für sein Leben brauchbar ist. Das geschieht oft in Bruchteilen von Sekunden, aber auch oft nach langen Überlegungen. Die Seele registriert das alles, aber sie greift nicht ein. Sie lässt den Menschen entscheiden und auch entsprechend handeln. Auch wenn der Mensch etwas Falsches tut, bleibt die Seele völlig ruhig. Die Seele steht jetzt zwischen Körper und Geist und beobachtet, wie der Körper auf die Entscheidung des Geistes reagiert. Reagiert der Körper mit Zufriedenheit und Wohlbefinden, dann tut das auch der Seele gut und sie signalisiert dem Geist, dass diese Entscheidung richtig war. Wenn die Situation aber so ist, dass der Körper sich wehrt und mit Abwehr reagiert, dann signalisiert die Seele dem Geist, dass diese Entscheidung falsch war. Der Geist empfindet dieses Signal als Schmerz oder Unwohlsein. Die Folge müsste jetzt sein, dass der Geist seine Entscheidung korrigiert. Tut er das nicht, dann registriert das die Seele als Belastung und leidet unter dieser Last. So sammelt sich im Laufe der Zeit viel Schmutz auf der Seele an, den der Mensch als Schmerzen wahrnimmt, aber auch als Aufforderung, sein Handeln zu ändern. Über die Seele erfährt dann der Körper, inwieweit der Geist bereit war, die Veränderungen vorzunehmen. Diese Verbindung bleibt das ganze Leben in ständiger Aktion, so dass die Seele immer weiß, was der Geist fühlt und tut. Auf dieser Basis weiß auch Gott alles über den Menschen, weil die Seele das ständige Verbindungsglied zu Gott ist. Eine Trennung des Menschen von Gott ist deshalb nicht möglich, auch wenn das viele Menschen meinen und sich von Gott abwenden. Viele meinen sogar, dass es keinen Gott gäbe, weil sie Gott nicht sehen können, und wenn es einen Gott gäbe, dann könnte Gott nicht die ganzen Verbrechen der finsteren Mächte zulassen. Das sind wirkliche vermeintliche Argumente, die viele Menschen veranlassen, sich von Gott zu trennen. Aber Gott liebt auch diese Menschen und vertraut darauf, dass sie irgendwann wieder zu Gott zurück finden.

Die Seele akzeptiert alles, weil sie aus allem lernen muss. Sie leidet nicht und fühlt keinen Schmerz. Das bedeutet aber nicht, dass die Seele völlig ohne Anteilnahme ist. Da die Seele jeden Dreck sammeln muss, leidet sie natürlich unter der Last des Schmutzes. Wenn es dem Menschen nicht gelingt, seine Seele durch eine veränderte Lebensweise zu reinigen, d.h. wieder mehr und mehr in die Nähe von Gott zu kommen, dann bricht die Seele schließlich unter dieser Last zusammen und muss Körper und Geist wieder verlassen. Das heißt, dass der Mensch stirbt.

Wir sehen also, dass es vom Menschen selbst abhängt, wie lange die Seele bei ihm bleibt. Über allem wacht Gott. Und Gott wird seine Kinder niemals allein lassen. Aber wenn der Mensch seinen freien Willen so missbraucht, und die Seele nur mit Ungutem gefüllt wird, dann kann auch Gott nicht sein Leben verlängern, egal ob er darum bittet oder betet. Jeder Mensch hat in jeder Minute seines Lebens die Chance, sich Gott wieder zu nähern. Jeder Schritt, den der Mensch in diese Richtung tut, wird sein Leben verlängern. Gott schafft für ihn dazu alle Möglichkeiten. Das ist Ausdruck der unbändigen Liebe Gottes zu seinen Kindern.

Die Seele als unendliches Bindeglied im Zusammenwirken zwischen Körper und Geist

Die Seele ist kein einzelnes Teil im menschlichen Körper. Manche haben solche Vorstellungen, dass sich die Seele irgendwo im Herzen oder im Brustkorb befindet. Die Seele ist überall im menschlichen Körper, in jedem kleinsten Teil einer Zelle. Sie ist deshalb unendlich und nicht greifbar. Das ist auch richtig so, da es ansonsten Bereiche gäbe, die der Seele verschlossen blieben. Die Seele kennt dadurch alles bis ins Kleinste und kann nicht hintergangen werden. Auch die schweren Verfehlungen bleiben nicht unerkannt und werden von der Seele mit der ganzen Schwere aufgenommen. Die Menschen meinen, dass sie sich an der Reinigung vorbei mogeln können. Das ist ein großer Irrtum. Auch das kleinste Vergehen wird erfasst und in den Reinigungsprozess einbezogen. Vor allem die Vergehen an den Kindern Gottes belasten die Seele schwer. Das kann Gott nicht ungesühnt lassen, weil dadurch in die Entwicklung der Wesen störend, ja sogar vernichtend eingegriffen wird. Wenn ein solches Vergehen geschehen ist, dann verliert der Mensch das Recht, wieder als Mensch geboren zu werden. Er muss dann in einem Tier, ja sogar in einer Pflanze das durchleben, was er den Wesen angetan hat. Erst wenn die Seele vollkommen gereinigt ist, kann diese wieder in einem Menschen weiter lernen. Ihr seid deshalb von vielen Seelen umgeben, die an eurer Seite als Tier oder Pflanze Liebe erlernen dürfen.

Die Menschen müssen begreifen, dass alles von Gott gelenkt wird und jeder Mensch dabei seine ganz bestimmte Aufgabe hat. Wenn ihr das begriffen habt, dann könnt ihr auch die weiteren Darlegungen verstehen. Die Seele durchdringt das ganze Wesen eines Menschen, von der kleinsten Zelle an, über die Organe bis schließlich zu dem ganzen Körper. Dabei ist sie vor allem dort präsent, wo der Mensch gerade handelt. Das hat einen Sinn, denn gerade da wirken Körper und Geist zusammen. Da entscheidet sich der Geist für gut oder böse, und da entsteht eine karmische Verbindung. Das heißt, dass eine Belastung der Seele entsteht, die wieder gereinigt werden muss. Diese Reinigung kann die Seele nicht selbst durchführen. Das kann nur der Mensch selbst tun. Er kann es im gegenwärtigen Leben tun, aber auch in einem neuen Leben. Das entscheidet der Mensch selbst in Abhängigkeit davon, wie er zur Selbsterkenntnis seiner Verfehlungen gekommen ist. Der Mensch hat in jeder Minute seines Lebens die Möglichkeit zur Selbsterkenntnis zu kommen. Auch kann er seine Schuld gegenüber anderen Menschen abbauen, indem er reuig verzeiht und vergibt. Dann kann die Seele diesen Schmutz loslassen und sich reinigen. Die Reinigung bewirkt eine Hinwendung zu Gott, und das ist für die Heilung notwendig. Wenn der Mensch sich in seinem Leben vollständig reinigen kann, dann kann er die von Gott vorgegebene Lebensspanne erreichen und sehr alt werden. Gott möchte, dass die Menschen lange auf der Erde bleiben und ein glückliches Leben führen. Viele Menschen sind es bisher nicht, die ihre Lebensspanne ausgelebt haben. Die übergroße Mehrheit verlässt die Erde früher, weil ihre Seele schon nach wenigen Jahren randvoll ist mit Schmutz.

Was ist das für ein Schmutz, der die Seele belastet und die Menschen zum vorzeitigen Verlassen der Erde zwingt? Das ist zuerst die **Angst** um das Leben. Das ist vielleicht schwer zu verstehen, aber die meisten Menschen fürchten sich vor dem Sterben. Das brauchen sie nicht, da Gott jeden Heimgang schmerzfrei bewirkt. Es sei denn, dieser Mensch hat in einem früheren Leben Menschen und Tiere zu Tode gequält und sich daran erfreut, dann muss er bis zum Ende die Qualen dieser Menschen durchleiden. Ihr habt aber für solche Fälle bereits wirksame Medikamente entwickelt, die das Leiden dieser Menschen verkürzen. Aus diesem Grund ist Gott auch nicht dafür, dass sie ihr Leben vorzeitig beenden lassen.

Das, was sie in diesem Leben nicht an Schuld abarbeiten, müssen sie im nächsten Leben abarbeiten. Das ist notwendig zu wissen. Jeder Eingriff von Menschen in die Erfüllung der karmischen Aufgabe macht den Menschen im nächsten Leben unglücklich, auch wenn die Hilfe für ihn von einem sehr lieben Menschen kommt. Ihr solltet diese Menschen deshalb viel lieber veranlassen, in diesem Leben zu Gott zurück zu kehren und allen Menschen Liebe zu senden, denen derjenige geschadet hat, mit denen er sich in einem verbitterten Streit befindet oder befunden hat oder der ihm Schaden zugefügt hat.

Weiter belastet der Mensch seine Seele mit Vergehen an den Kindern Gottes. Das ist bei den meisten Menschen der **Verzehr von Tieren.** Das ist schlimm, weil diese Menschen nicht nur in die Schöpfung eingreifen, sondern vor allem ihr eigenes Leben entscheidend verkürzen. Die Menschen glauben, das wäre normal, weil es alle tun. Aber das ist nicht normal, weil es die Seele belastet. Alle diese Menschen müssen immer wieder mit schweren karmischen Aufgaben auf die Erde kommen, bis sie es gelernt haben, Gottes Wesen zu achten. Wer aber in diesem Leben lernt, auf den Verzehr der Kinder Gottes zu verzichten, dessen Seele wird sofort von dieser Last befreit. Diese Veränderung der Lebensgewohnheiten ist für alle Menschen unbedingt notwendig.

Ich frage Gott. Gott stellt den Verzehr von Tieren, auch das Töten von Menschen immer als das schlimmste Vergehen dar. Gott sagt aber gar nichts über den Konsum von Alkohol, von Drogen oder das Rauchen sowie über andere Süchte. Gott antwortet darauf: *„Das ist auch alles schlimm, aber diese Gewohnheiten unterliegen dem Willen jedes Einzelnen und haben keine karmische Wirkung. Wenn die Menschen auf diese Art ihr Leben verkürzen wollen, dann sollen sie es tun. Gott wird sie nicht daran hindern. Die Seele sendet laufend Signale des Körpers an den Geist, mit diesem Unsinn aufzuhören. Wenn der Geist diese Signale ignoriert, dann muss der Mensch auch die Folgen tragen, auch wenn er daran sterben sollte. Gott ist dieses Verhalten der Menschen nicht gleichgültig, da Gott alle Kinder Gottes liebt, aber Gott greift nicht in den freien Willen des Menschen ein."*

Heißt das, dass alles, was ich meinem Körper und Geist selbst antue, keine karmische Wirkung hat und die Seele nicht belastet? *„Das ist richtig. Nur das, was der Mensch den Kindern Gottes antut, hat karmische Wirkung. Aber die Seele belastet es schon, und die Seele leidet auch darunter, aber es entsteht keine Schuld anderen gegenüber."*

Weiterhin wird die Seele belastet durch jede Form von **Hass**. Wie leicht ist es geworden, Menschen Hass zu schicken. Die Mächte der Finsternis beherrschen die Menschen gerade dadurch, dass sie Hass zwischen den Menschen sähen. Dadurch verhindern sie, dass die Vernunft alles Handeln bestimmt. Auch diejenigen, die den Hass zwischen den Menschen verurteilen, werden täglich durch die Medien mit den unterschiedlichsten Formen von Hass konfrontiert. Viele Menschen sind bereits aus dieser Verdummung erwacht. Auch die vielen gläubigen Menschen beginnen, dieses Übel zu erkennen, und reihen sich ein in die Schar derer, die das nicht weiter zulassen wollen. Die Seele speichert jeden einzelnen Hassgedanken und leitet ihn an den Körper weiter. Der Körper reagiert darauf mit Aggression. Das macht den Körper schwach und krank. Der Mensch wird einsam und zieht sich in sich zurück.

Auch die **Wut** ist eine Gefahr für den Körper. Jeder Mensch weiß, wie der Verstand ausgeblendet wird, wenn sich die Wut anstaut und plötzlich ausbricht. Da geschehen dann oft Dinge, die nicht mehr verziehen werden können, weil die Möglichkeit zum Verzeihen nicht mehr gegeben ist, auch wenn der Täter alles bereut und ungeschehen machen möchte.

Auch die **Gier** belastet die Seele. Die Gier ist eine Macht, der Menschen sehr gerne unterliegen. Die Menschen meinen, dass Reichtum das allein Seligmachende sei. Das kann jeder Mensch tun wie er will, solange er damit nicht in das Leben anderer Menschen eingreift. Aber in Wirklichkeit wird der Reichtum nur dadurch gesichert, dass der Mensch sich die Ergebnisse der Arbeit anderer Menschen aneignet. Die Gier ist so weit verbreitet, dass sie überall zu Streit und Kriegen führt. Diese Menschen belasten ihre Seele so sehr, dass sie nicht sofort wieder als Mensch auf die Erde kommen können und sehr lange im Jenseits gereinigt werden müssen. Das ist natürlich für d i e Menschen, die unter diesen gierigen Menschen zu leiden haben, kein Trost. Aber auch diese Menschen sind nicht schuldlos an dieser Situation, denn sie haben auch gierige Ambitionen und blicken voller **Neid** auf die Reichen, denen sie ihren Reichtum nicht gönnen. Und Neid belastet ebenfalls die Seele.

Auch treffen wir Menschen, die gerne **prahlen** und sich vor den anderen als Helden aufspielen. Das belastet ebenfalls die Seele und wird als Vergehen angesehen. Denn diejenigen, die bescheiden und demütig sind, liebt Gott. Sie treffen überall auf Gottes Kinder, die ebenfalls bescheiden und aufbauend sind.

Auch noch andere menschliche Eigenschaften belasten die Seele. Das sind **Wut und Eifersucht** auf alle Menschen, denen es besser geht, aber auch **Vorurteile und Gerüchte**, sowie **Urteile** über Menschen hinter deren Rücken.

Wir sehen also, dass es für die Menschen gar nicht so einfach ist, die eigene Seele rein zu halten. Viele denken auch, dass sie die Dummen sind, wenn sie sich in dieser Welt der wirklichen[3] Verfehlungen vernünftig und ehrlich verhalten. Gegenüber Gott sind sie die treuen Kinder und werden von Gott geliebt.

An dieser Stelle möchte der Autor das **Thema „Fleischverzehr"** noch einmal vertiefen, da Gott bereits in den Erklärungen zur Gebetszeile „Mein tägliches Brot erhalte ich von Gott" uns den entscheidenden Maßstab für die Gottesliebe der Menschen gesetzt und auch in diesem Abschnitt den Verzehr von Fleisch nach der Angst als entscheidenden Faktor für die Belastung der Seele bezeichnet hat.

Bereits vor dem Erscheinen des Buches „Im Sog der Geistigen Welt Gottes", aber vor allem danach, war es für Fleisch

---

3   Wenn Gott das Attribut „wirklich" gebraucht, dann ist damit immer eine geschaffene Realität gemeint und nicht nur eine Absicht.

essende und Gott verbundene Leser ein Schock, plötzlich mit dem Vorwurf Gottes konfrontiert zu werden, Gott nicht zu lieben.

Am 21.04.2013 habe ich Gott gefragt, warum er Jesus auf dem See Genezareth mit Simon dennoch hat Fische fangen lassen. Jesus hat mit den prallen Netzen gezeigt, dass er der Sohn Gottes sei. Aber die Fische wurden ja nicht wieder frei gelassen, sondern verspeist.

Gott erklärt das so: *„Die Fische brauchen sehr wenig Zeit, um sich zu reproduzieren. Die Seelen der Fische gehen sofort wieder in neue Fische ein. Das Abfischen greift nicht in das natürliche Gleichgewicht ein. Die Menschen dort hatten wenig andere Möglichkeiten sich zu ernähren. Wenn der Fisch ganz frisch gegessen wird, ist er nicht giftig.*

Jesus hat keinen Fisch gegessen. Auch dir ist es nicht gestattet, Fisch zu essen, weil du ein Diener Gottes auf der Erde bist."

Ein wichtiges Kriterium ist, dass die Fische für den Verzehr gezüchtet werden. Deshalb sagte Gott zur Massentierhaltung, dass das ein schweres Verbrechen sei. *„Diejenigen, die das tun, laden eine schwere Schuld auf sich."*

Zur Jagd sagte Gott: *„Wenn sich eine Art so vermehrt, dass sich die Tiere nicht artgerecht entwickeln können, dann darf der Mensch regulierend eingreifen, weil ansonsten der gesamte Bestand gefährdet ist. Wenn der Mensch aber aus Lust jagt, ist das eine schwere Schuld. Der Mensch soll das Fleisch aber nicht essen, da es Gift für den Menschen ist. Er soll das Fleisch den Tieren geben, die sich davon ernähren."*

Zum Fleischverzehr Bruno Grönings sagte Gott: *„Der Heiler Bruno Gröning hat sehr selten Fleisch gegessen, zu Hause gar nicht. Er konnte es aber oft nicht verhindern, weil er viel eingeladen wurde und die Menschen nach dem Kriege sehr stolz darauf waren, Bruno Gröning Fleisch anbieten zu können. Er hätte es zu dieser Zeit den Menschen nicht sagen können, dass Fleisch Gift für den Körper ist. Das hätten die Menschen nicht verstanden."*

Ich kommentierte Gottes Aussagen wie folgt. Alle, die sich das Gebet Gottes zu eigen gemacht haben und sich auch intensiv mit Gottes Erläuterungen zu den einzelnen Gebetszeilen beschäftigt haben, geraten in einen Konflikt, wenn sie notwendigerweise ihre bisherigen Essgewohnheiten mit den ultimativen Forderungen Gottes konfrontiert sehen.

Auch wenn sie für sich selbst diese Forderung Gottes als richtig erkannt und beherzigt haben und nun zu einer vegetarischen Ernährung übergehen, leben sie ja nach wie vor im Verbund ihrer Familie, die diese einschneidenden Veränderungen in der Regel auf keinen Fall teilen wollen. Ich verzichte hier auf die Wiedergabe der mir mitgeteilten Diskussionen und Streitgespräche, war ich doch früher selbst in diese eingebunden. Heute gehe ich diesen Diskussionen aus dem Wege, weil sie nichts bringen. Jeder muss sich selbst überzeugen.

Viele der Fleischkonsumenten bezeichnen sich als Christen, beten, gehen in die Kirche und sind davon überzeugt, dass sie Gott lieben und Gott sie ebenfalls liebt. Was Gott betrifft, so stimmt das. Nun hat uns Gott aber zu wissen gegeben, dass die Tiere Gottes Kinder sind und diese unsere Brüder und Schwestern. Und diese verspeisen wir. Wie fühlt es sich an, wenn wir an der Fleischtheke z.B. zwei Kilogramm aus der Hüfte vom Kind Gottes oder unseres Bruders verlangen würden. Sicher nicht gut. Aber können wir vielleicht jetzt nachvollziehen, wie sich Gott fühlen muss, wenn die Kinder Gottes in Massen aufgezogen und dann für unseren Verzehr getötet werden? Wie würde sich eine Mutter fühlen, wenn ihr die Kindern weggenommen und einem solchen Schicksal zugeführt werden? Viele sehen nur das Stück Fleisch auf dem Teller, gut abgehangen und schön weich durchgebraten. Aber welche Gefühle kämen denn bei uns auf, wenn wir das Kälbchen, dessen Fleisch auf unserem Teller liegt, in die Augen sehen müssten und aufgefordert würden, es jetzt zu töten und ihm das sagen müssten. Das Tier ist wehrlos. Wir können es verhindern. Da begreifen die meisten erst, was sie tun. Hier empfehle ich immer die Geschichte „Die Kuh, die weinte" im gleichnamigen Buch von Ajahn Brahm (ISBN 978-3-7787-8183-8).

Bruno Gröning hat 1957 in einer Rede in Pirmasens folgendes gesagt: „*Er, der Mensch, ist mehr und mehr oberflächlich geworden, er ist, praktisch gesagt, jeder großen Sünde verfallen, ohne dass er es weiß, ohne dass er es überhaupt wahrnimmt, ohne dass ihn überhaupt das Gewissen plagt, d.h., er fühlt es mehr oder weniger überhaupt nicht mehr.*"

Und genau das ist es. Wir haben gegenüber diesen Tieren, deren Todesschreie durch die Hallen der Schlachthöfe schallen, kein Gewissen mehr, ihnen gegenüber sind wir gefühllos geworden. Bringen wir diesen Tieren die gleiche Liebe entgegen, wie wir sie unseren Hunden, Katzen und anderen Haustieren entgegen bringen.

Viele der Verteidiger des Fleischkonsums wollen uns entgegenkommen, indem sie die Menge ihres Fleischverzehrs auf ein nicht erwähnenswertes Minimum herunterspielen. Ja, eigentlich wären sie fast schon Vegetarier, wenn sie die Menge an Fleisch mit der Menge an Gemüse und Kartoffeln auf ihren Tellern vergleichen.

Schaut man sich in den Supermärkten die Fleischtheken an und das, was noch tiefgefroren in den Truhen wartet, dann wird uns schnell klar, dass wir es mit einem ungebremsten und steigenden Fleischkonsum zu tun haben. Auch die Freude auf den Beginn der jährlichen Grillsaison ist ungetrübt.

Dabei sind es erst die letzten beiden Generationen, die sich in den Industrieländern dem vermehrten Fleischkonsum hingeben.

Dazu einige Angaben aus dem Internet unter dem Stichwort „Fleischverbrauch" aus dem Weltagrarbericht 2013 (Auszüge):

> In den vergangenen 50 Jahren hat sich der weltweite Fleischverbrauch vervierfacht von 70 Millionen Tonnen im Jahr 1961 auf mittlerweile 283 Millionen Tonnen pro Jahr.

Nun brauchten wir nur als Parallelkurve den Anstieg der sogenannten Volkskrankheiten gegenüber zu stellen, dann werden Zusammenhänge sichtbar, die das unheilige Kartell aus Fleisch-, Pharma- und Gesundheitslobby wohl nicht gerne öffentlich diskutieren möchte. Wer von den Politikern bei seinem Amtsantritt geschworen hat, Schaden von seinem Volk abzuwenden, sollte aber die besorgten Hinweise aus der Schar der Vernünftigen endlich ernst nehmen. Gott wird ihnen wahrlich dabei helfen.

Der Weltagrarbericht geht davon aus, dass dieser Trend anhält, wenn der hohe Fleischkonsum der Industrieländer gleich bleibt und städtische Mittelschichten in China und anderen Schwellenländern sich diesem Niveau weiter annähern.

Wo Tiere Gras und andere Pflanzen fressen, die zur direkten menschlichen Ernährung nicht geeignet sind, erhöhen sie das Lebensmittelangebot und leisten einen wichtigen Beitrag zur landwirtschaftlichen Produktion. Sie liefern Dünger, tragen zur Bodenbearbeitung bei, arbeiten als Zug- und Transporttiere, verwerten Abfälle und stabilisieren als Rücklage die Ernährungssicherheit ihrer Besitzer. Die meisten Masttiere aber fressen heute nicht mehr Gras, sondern Mais, Soja, Weizen und anderes Getreide, das auf Ackerflächen wächst, die der direkten Lebensmittelproduktion verloren gehen.

Die Viehhaltung hat enorme Auswirkungen auf die Umwelt. Auf ihr Konto gehen 18% der gesamten Treibhausgas-Emissionen und 9% aller von Menschen verursachten CO2-Emissionen.

Weltweit verursacht sie etwa 8% des menschlichen Wasserverbrauchs, vor allem für die Bewässerung beim Anbau von Futtermitteln.

26% der globalen Landfläche ist Weideland, 33% des Ackerlandes dient der Futter-Produktion. 70% der landwirtschaftlichen Nutzfläche und 30% der globalen Landfläche werden so von der Tierhaltung beansprucht.

In den USA verursacht die Tierhaltung 55% der Bodenerosion und Sedimentation, 37% des Pestizid-Einsatzes, 50% des Antibiotika-Verbrauchs und ein Drittel der Süßwasser-Belastung mit Stickstoff und Phosphat.

Gott sieht das alles voller Sorge. Trotzdem vertraut Gott den Menschen, weil Gott die Menschen ebenso liebt als Kinder Gottes, wie auch die Tiere und Pflanzen. Aber verzeiht Gott allen? Gott sagt: *„Das kann Gott nicht. Allen, die das Gebet Gottes kennen, kann Gott nicht mehr verzeihen. Diese Menschen laden schwere Schuld auf sich und werden diese in einem künftigen Leben abarbeiten müssen."*

Bisher hat Gott den Menschen verziehen auf Grund einer großzügig ausgelegten Unschuldsvermutung, eines sogenannten Schuld ausschließenden Irrtums. Sie haben es getan, weil sie es nicht anders kannten oder nicht besser wussten, weil es ja alle tun. Aber jetzt, sagt Gott, wisst ihr es. Und jetzt wird aus Fahrlässigkeit oder Unwissenheit Vorsatz. Gott legt also an jeden, dem das Gebet Gottes allein nur zur Kenntnis gegeben wurde, höhere Maßstäbe an. Denn jetzt lautet der Satz ganz einfach: Isst du Fleisch, dann liebst du Gott nicht. Da gibt es kein Wenn und Aber mehr, kein Herausreden mit kleinen Mengen, kein Ignorieren. Dieser Satz ist wie ein kategorischer Imperativ.

Wenn viele die Jahreswende 2012 mit einem geistigen Sprung der Menschheit verbunden haben, dann sagt uns Gott, dass das der eigentliche geistige Sprung wäre, Gott unsere Liebe dadurch zu erweisen, dass wir alle Kinder Gottes achten. So ist deshalb auch die ultimative Forderung Gottes im Nachwort zum ersten Teil des Buches „Im Sog der Geistigen Welt Gottes" zu interpretieren: „Kehrt endlich um!"

Eine Freundin rief mich an mit der Bitte, die Geistige Welt Gottes um eine Wertung eines neuen Nutzungsvertrages für ein Stück Land zu befragen. Auf diesem Land züchtet sie ca. dreißig Mastbullen und Jungrinder artgerecht, um sie dann für die Schlachtung zu verkaufen. Jesus antwortete, dass in dem Vertrag ein Passus fehle, dass keine der beiden Seiten offen oder verdeckt Maßnahmen einleitet, die dem anderen Vertragspartner schaden würden. So wurde das dann auch eingearbeitet und unterzeichnet.

Die Freundin hat nachweislich heilerische Fähigkeiten, die aber nicht voll wirksam werden. Sie bat mich nun,

Gott zu fragen, ob ihr Gott nicht die volle Befähigung zur Heilerin schenken könnte. Gott bestätigte ihre heilerischen Fähigkeiten, antwortete ihr aber, dass Gott das tun wird, wenn sie ihre Tierzucht aufgibt. Gott sagte ihr, dass das, was sie tut, hinterhältig sei. Erst ziehe sie die Tiere liebevoll und artgerecht im Freiland auf, um ihnen dann den Schock zu versetzen und sie zur Schlachtung zu bringen. Das wäre so, als würde sie ihren eigenen Kindern eine liebevolle und ungetrübte Kindheit ermöglichen und sie dann ersäufen. Ist das schockierend? Das ist es. Aber es ist die Wahrheit. Gott sagte ihr, wenn sie dieses Verbrechen nicht aufgibt, dann würde sie in einem künftigen Leben als Tier geboren werden, damit sie am eigenen Körper das Leid ihrer Tiere erleben und daraus lernen darf.

Ich verspüre dann immer den verhaltenen Zorn Gottes, wenn da Menschen sind, die von Gott alles wollen, aber in ihrer Unwissenheit die Liebe zu Gott nicht finden.

Die Seele als Verbindung zu Gott

Am 1. Juni 2013 meldet sich Paulus, ein Jünger Jesu, mit der Botschaft, dass ich heute an dem Buch weiter schreiben soll, da Gott wichtige Informationen für mich hätte.

Gott fährt fort: Die Seele als ewiges Sein hat noch weiter Aufgaben zu erfüllen. Sie wird in ihrer Gesamtheit erst dann verstanden werden können, wenn sie auch mit den vielen Verbindungen gesehen wird, die sie mit Gott hat.

Über diese Verbindungen hat Gott bisher noch keinen Menschen informiert. Du bist der erste, dem Gott das Vertrauen schenkt, weil du bisher den Mut hattest, Gottes Gebet unter die Menschen zu bringen. Das Gebet ist eure stärkste Waffe im Kampf gegen die Mächte der Finsternis. Das Verbreiten des Gebets ist jetzt eure wichtigste Aufgabe. Gott wird euch dabei schützen und führen.

Ich fragte Gott, ob es denn vor mir schon andere Menschen gab, denen Gott den Auftrag gegeben hatte, das Gebet Gottes unter die Menschen zu bringen? Gott antwortete: „Das waren schon viele, aber alle hatten Angst vor den Mächten der Finsternis, da sie mit mächtigen Schmerzen angegriffen wurden. Der letzte vor dir war vor drei Jahren ein tibetanischer Mönch gewesen."

Die weiteren Ausführungen zur Seele als ewiges Sein des Menschen beginnen mit der Eigenschaft der Seele, auch **Vorhersagen** machen zu können. Das klingt erst einmal eigenartig, aber es ist so. Wie kann die Seele Vorhersagen treffen und wozu? Die Seele speichert alles, was dem Menschen widerfährt. Das ist erst einmal wichtig, denn wer alles weiß, der kann auch abschätzen, in welche Richtung sich der Mensch entwickeln wird. Auch die vielen Verbindungen der Seele mit den vielen anderen Seelen im irdischen Leben werden von der Seele gespeichert. Auch das lässt Rückschlüsse auf die Entwicklung des Menschen zu. Wer das wahre Leben eines Menschen wissen möchte, der kann die Seele fragen. Und wer den Zugang von Gott erhalten hat, der kann von der Seele erfahren, wie sich die Zukunft dieses Menschen gestalten wird. Diesen Zugang haben bisher nur sehr wenige Menschen bekommen, weil damit auch viel Missbrauch verbunden sein kann. Bedingung für diesen Zugang ist eine wirkliche bedingungslose Liebe zu Gott. Diese wirkliche bedingungslose Liebe setzt voraus, dass dieser Mensch in all seinem Tun ohne falsche Wahrheit ist. Er ist bedingungslos der Wahrheit verpflichtet und vertritt diese auch offen gegenüber jedem. Das bedeutet aber nicht, dass der Mensch alles gegenüber den anderen ausplaudern muss.

Aber wenn er mit der Lüge konfrontiert wird, dann muss er bedingungslos zur erkannten Wahrheit stehen. Das erfordert einen starken Charakter und den Willen, für die Wahrheit kämpfen zu wollen. Auch die Bereitschaft, wahre Opfer zu bringen für die Wahrheit, gehört zu den Eigenschaften dieser Menschen, die Gott ausgewählt hat, mit den Seelen der Menschen auf der Erde in Kontakt zu treten. Das ist kein Ausspionieren von geheimen Informationen, sondern eine wirkliche Möglichkeit, den Menschen zu helfen, damit sie sich nicht weiter von Gott entfernen.

Du sollst heute in diese Fähigkeit eingeweiht werden. Wenn du diese Fähigkeit anwenden willst, dann überlege mit Bedacht, ob du aus Neugierde fragst oder aus Nächstenliebe. Daraus entwickelt sich eine wahre Liebe zu den Menschen, die sich in deinem Umfeld befinden. Auch kannst du erfragen, wie sich der Mensch in seinem Körper fühlt und was er jetzt an wirklichen Belastungen hat. Dadurch kannst du ganz gezielt mit der Heilung beginnen. Du kennst die Frequenzheilung und kannst immer Gott rufen, damit Gott die richtige Frequenz in den Körper des belasteten Menschen sendet. Alles das ist möglich, wenn du das mit Ernsthaftigkeit betreibst.

Ich fragte Gott: Was ist dann der Unterschied zwischen der Frequenzheilung und der oben beschriebenen Befragung der Seele ist? Gott antwortet: *„Das ist ein großer Unterschied. Die Frequenzheilung ist eine Hilfe für den kranken Körper. Bei der Verbindung mit der Seele kannst du alles über diesen Menschen erfahren, auch die kleinsten Dinge. Und die Seele wird dir dann sagen, wie du diesem Menschen helfen kannst."*

Beim Aufschreiben formt sich bei mir im Hintergrund der Gedanke, dass das doch eine Botschaft nur für mich persönlich ist und eigentlich in diesem Buch nichts zu suchen hat. Aber Gott gab darauf sofort die Antwort: *„Das alles kann auch in dem Buch stehen, weil es den Lesern zeigt, wie weit Gott in seiner Liebe zu den Menschen geht, wenn die Menschen Gott bedingungslos lieben."*

Eine weitere Aufgabe der Seele ist die **Weiterleitung der karmischen Aufgabe an den Geist.** Die Seele erhält nach ihrer Reinigung im Jenseits alle karmischen Aufgaben für das neue Leben von Gott übertragen. Die Seele kennt also alles, was der Mensch in seinem neuen Erdenleben erledigen muss und gibt diese Aufgaben weiter an den Geist. Der Geist weiß aber nichts davon, weil ihm diese Aufgabe nicht in sein Bewusstsein gegeben wird, sondern in das sogenannte Vergessen des Bewusstseins. Ihr nennt das auch Unterbewusstsein. Aber dieses Vergessen wird nie aktiviert werden, so dass der Mensch ziemlich blind durch seine Leiden geführt wird. Auch kann ihm kein Arzt oder Psychologe erklären, warum gerade er mit dieser Belastung auf dieser Erde leiden muss. Wir wollen das an einem Beispiel erklären.

Ein Mensch ist durch die Arbeit anderer zu Reichtum gekommen, hat durch das Anlegen des Geldes bei den Banken noch mehr Geld verdient und geringschätzig auf andere Menschen geschaut. Viele Menschen sind durch ihn in Armut geraten. Das ist ein schweres Vergehen, da er nicht durch seine Hände Arbeit, sondern durch Diebstahl fremder Arbeit so vermögend geworden ist. Diese Schuld hat er mit ins Jenseits genommen und wurde davon gereinigt. Seine Aufgabe im jetzigen Leben ist es zu erleben, wie es ist, wenn kein Geld vorhanden ist. Dieser Mensch weiß nicht, warum er ein Leben lang arm bleibt, egal, was er auch anfängt. Das weiß nur die Seele, die es dem Geist aber nicht mitteilen darf. Wenn dieser Mensch jetzt lernt, das wenige Geld, was er hat, zu teilen, und diese gute Tat unter Umständen zu seiner Verarmung führen wird, dann kann Gott ihn von dieser Aufgabe entbinden. Das bedeutet aber nicht, dass er jetzt wieder reich wird wie vorher. Das bedeutet nur, dass er wie viele andere Menschen auch von seiner Hände Arbeit leben wird.

Nehmen wir noch ein anderes Beispiel. Ein Mensch hat in einem früheren Leben Menschen wiederholt geschlagen, ohne sich dafür zu entschuldigen oder diese Menschen zu entschädigen. Er hat auch in diesem Leben nicht wieder zu Gott gefunden und auch seine Gewohnheiten nicht geändert. Er ist mit dieser Last zu Jesus ins Jenseits gekommen. Dort wurde seine Seele von den Ursachen seiner Verfehlungen gereinigt, aber nicht die Verfehlungen selbst. In seinem jetzigen Leben darf er jetzt in einem Vandalen-Viertel leben und täglich mit der Angst konfrontiert sein, verprügelt zu werden. Das ist keine Bestrafung, sondern ein gefühlsmäßiger Reinigungsprozess, der so lange anhält, bis er zu der Erkenntnis kommt, dass Liebe und Nächstenliebe die geeigneteren Mittel sind miteinander zu leben. Wenn dieser Mensch nun den Weg zu Gott einschlagen und auf alle schlechten Gewohnheiten verzichten könnte, dann wird Gott ihm die Mittel gewähren, um aus diesem Vandalen-Viertel heraus zu kommen.

Das sind nur zwei Beispiele von vielen. Jeder Mensch trägt in sich eine solche karmische Aufgabe. Und solange der Mensch sich nicht in voller Reinheit entwickelt und seine Verfehlungen im aktuellen Leben erkennt, wird er immer wieder mit einer Lernaufgabe auf die Erde kommen, bis seine Seele völlig rein ins Jenseits gehen kann. Dann entscheidet Gott, ob seine Seele ein Helfer Gottes wird oder wieder auf die Erde kommt als ein Diener Gottes. Solche Helfer gibt es viele. Ihr habt zum Beispiel Bruno Gröning bei euch in eurer Gottesvereinigung. Auch sind Jünger von Jesus bei euch als lebendige Menschen. Sie verbinden euch mit Gott auf eine ganz besondere Art, die Gott für sie ausgewählt hat. Der eine als Heiler, der andere als kirchlicher Würdenträger oder auch als einfacher Arbeiter. All das ist notwendig und von Gott so bestimmt, damit die Menschen Orientierungshilfen haben für ein gottgewolltes Leben. Ohne diese moralischen Säulen würdet ihr ziellos herumirren und euch nicht mehr zurechtfinden in diesen für euch schwierigen Zeiten. Solche Menschen schreiben Bücher oder predigen in Kirchen oder gründen Organisationen zum Schutz der Natur und der Tiere. Sie schaffen für alle Betätigungsfelder, um sich als Diener Gottes bewähren zu können. Die Menschen müssen den Wert dieser wirklichen Alternativen zu den Organisationen der Mächte der Finsternis erkennen, die sich in Geheimbünden vor dem Volk verstecken oder in politischen Parteien die Interessen der Mächte der Finsternis durchsetzen helfen. Das alles ist ein wahrer Kampf, damit alle Menschen sich für den richtigen Weg zu Gott entscheiden können.

Auch soll die Seele ein **Helfer** sein für alle Menschen. Die Seele kann den Menschen helfen, zur rechten Zeit Entscheidungen zu treffen. Das geschieht so: Wenn der Mensch zwischen mehreren Varianten entscheiden muss, dann sucht die Seele in den vergangenen Leben nach Erfahrungen, die der Mensch schon einmal in ähnlichen Situationen gemacht hat. Dann vergleicht die Seele die Aufgabe mit den Erfahrungen und gibt dem Menschen eine Antwort in Form eines Gefühls. Je mehr der Mensch geschult ist, auf sein Bauchgefühl zu hören, desto sicherer wird er sich weiter entwickeln in der Anwendung dieses Gefühls.

Das wollen wir auch an einem Beispiel erläutern. Ein Mensch soll zum Beispiel einem anderen Menschen helfen, Verbindung mit einer Person aufzunehmen, die der betreffende kennt. Auf diese Bitte hin versucht die Seele alles zu rekonstruieren, was dieser Mensch mit dieser Person erlebt hat. Wenn es negative Erfahrungen sind, dann wird er abraten, Verbindung aufzunehmen. Im anderen Fall wird er anraten, die Verbindung aufzunehmen. Das geschieht in Bruchteilen von Sekunden. Oder ein Mensch versucht sich über seine Gefühle zu einem anderen Menschen klar zu werden. Auch dann wird die Seele alle Gefühle abrufen, die der Mensch bereits in ähnlichen Fällen hatte. Die Seele sagt immer die Wahrheit und ist der beste Ratgeber. Das hilft in den allermeisten Fällen. Aber wenn der Mensch nicht auf seine Seele hören will und sich auf andere Ratgeber verlässt, dann muss er sich nicht wundern, wenn alles schief läuft. Das kann jeder lernen, wenn er sich ganz eng mit seiner Seele verbindet und zuerst die Seele ruft, was die Seele zu dem Problem meint. Das ist die sogenannte Selbstkontrolle, die zur Selbsterkenntnis führt. Wir haben in uns einen wunderbaren Ratgeber, den wir auch immer nutzen sollten.

Unsere Seele hat noch eine weitere Funktion. Sie soll den Menschen **vor Gefahren warnen,** wenn er sich in Situationen begibt, die neu sind. Auch hier lässt die Seele ein ganzes Kompendium an Möglichkeiten durchsuchen, und wählt augenblicklich die optimalste aus. Das ist lebensrettend, zumal es sehr schnell geht und oft der Geist als eigentlicher Entscheidungsträger übergangen werden muss, weil er zu langsam arbeitet. Wir sagen dann, dass der Mensch instinktiv gehandelt hat oder spontan.

Der Instinkt des Menschen ist die aus dem Tierreich stammende Schutzfunktion, die noch in Resten vorhanden ist. Sie greift immer dann ein, wenn plötzlich Gefahren auftauchen, beziehungsweise warnt sie den Menschen vor lebensbedrohlichen Situationen. Das kennt jeder Mensch, wenn er zum Beispiel auf einer Treppe steht und eine Stufe auslässt, dass seine Hände sofort nach dem Geländer greifen, um nicht zu stürzen. Das lässt sich auch noch in vielen anderen Situationen feststellen.

Die Seele als Sammler bedingungsloser Liebe

Die Seele hat in sich ein Maß für bedingungslose Liebe. Wodurch wird dieses Maß bestimmt? Das ist schwierig zu beantworten, weil es eine individuelle Größe ist. Jeder Mensch hat für sein Leben bestimmte Vorgaben bekommen, die sein Leben bestimmen. Jede Seele andere. Das ist deshalb so, weil jeder Mensch schon mehrmals auf der Erde war und in jedem Leben eine bestimmte Menge an bedingungsloser Liebe dazu erworben hat. Irgendwann ist das Maß erreicht und kein Platz mehr für andere Formen der Liebe zu den Menschen vorhanden. Dann darf diese Seele bei Gott bleiben und bei Gott weiter lernen.

Was kann die Seele weiter bei Gott lernen? Das ist ein weites Feld und davon abhängig, welche Aufgabe Gott dieser Seele zugeordnet hat. Die einen werden verantwortlich sein für bestimmte Seelengruppen auf der Erde, die ihr dann als Engel bezeichnet, andere für Aufgaben im Astralreich, die gemeinsam mit Seelen aus dem Jenseits, die noch in der Reinigung sind, die neu angekommenen Seelen prüfen, in welche Dimension der Reinigung im Jenseits sie kommen sollen. Weiterhin sind es Aufgaben für bestimmte Bereiche in der Geistigen Welt Gottes, die Gott abgibt, weil sie auch von diesen Seelen erledigt werden können. Das sind zum Beispiel Aufgaben der Information an ausgewählte Menschen auf der Erde. Du kennst das bereits, weil du schon viele Informationen auf diesem Wege erhalten hast, auch wenn du nur aufgefordert wurdest, Gott zu rufen. Die Seele, die jetzt ein Helfer Gottes ist, wird aber dadurch in die

Aufgabe eingebunden, die Gott dir stellt, und überwacht die Erfüllung. Daraus lernt sie weiter und informiert Gott, wie du daran gewachsen bist, welche Zweifel du hattest oder ob dir diese Prüfung nichts gebracht hat. Gott weiß das auch ohne seine Helfer, weil Gott alles weiß, aber die Helfer sind dadurch immer aktiv und beeinflussen euer Leben.

Auch die Seelenreinigung ist eine Aufgabe der Helfer Gottes. Das ist etwas schwierig zu verstehen, aber es ist eine Aufgabe zwischen einer Menschenseele und einer Helferseele Gottes, eine solche Verbindung zu halten, damit die Reinigung immer im Sinne Gottes erfolgt. Es gibt auch viele Seelen, die sich nicht reinigen lassen, weil diese Menschen ständig schwere Schuld auf sich laden. Dazu gehören auch die Seelen in den Menschen der Mächte der Zerstörung. Diese Seelen leiden schwer, weil sie keine Möglichkeit haben, gereinigt zu werden und auch keine bedingungslose Liebe ansammeln können. Auch werden viele dieser Seelen nicht ins Jenseits zur Reinigung kommen, sondern ins Reich der Finsternis, wo sie warten müssen, bis sie wieder als ein Tier auf die Erde dürfen. Diese Seelen werden von Gott besonders geschützt, weil auch sie es verdient haben, gereinigt zu werden. Aber es gibt auch Seelen, die im Reich der Finsternis bleiben und sogar gelöscht werden, wenn es nicht gelingt, sie nach vielen

Leben zu reinigen. Das ist selten, aber es geschieht.

Wir sehen also, dass es ein ausgeklügeltes System ist, wie Gott mit den Seelen verfährt. Das müssen die Menschen wissen, um in die wirkliche Liebe zu Gott zu kommen.

Die Frequenzheilung

Wie Gott weiter oben übermittelt hat, soll ich die Methode der Frequenzheilung, von der ich annahm, dass sie nur für mich bestimmt war, in dieses Buch einfügen.

Am 13.04.2013, an einem der kühlen Apriltage, meldete sich am Morgen Pater Pio. Wir kannten Pater Pio aus einem Büchlein mit dem Titel „P. Pio hat geholfen" vom Mediatrix-Verlag. Nun ist Pater Pio in der Geistigen Welt Gottes und meldete sich bei mir erstmalig: *„Du bist dabei, den richtigen Weg zu gehen. Ich werde dir heute sagen, wie du deine Bestimmung ausfüllen kannst. Du kannst dein Leben wirklich auf verschiedene Weise leben. Auch kannst du alle Varianten des Daseins versuchen zu leben. Aber nicht alle führen dich dorthin, wo du die meiste Wirkung erzielen wirst. Ich werde dir jetzt sagen, was du tun musst, um dein Leben am wirkungsvollsten zu gestalten.*

Zuerst musst du aufhören, dich auf allen möglichen Wegen

zu bewegen. Du musst dich auf einen einzigen richtig konzentrieren. Das bedeutet für dich, dass du Hüter des Lichts sein musst. Das heißt, dass du auch die wahren Teile deines Lebens erkennst und dich nur noch damit beschäftigst. Die wahren Teile deines Lebens sind zuerst deine Fähigkeit, über die Lehre Bruno Grönings Menschen zu Gott zu führen. Das gelingt dir aber nur, wenn du viele Menschen mit einbeziehst. Wenn das Buch erschienen ist, werden viele Menschen zu Bruno Gröning kommen wollen. Darauf musst du vorbereitet sein.

Weiterhin musst du auf deine Gesundheit achten. Du musst dich vor allem einer konsequenten veganen Ernährung zuwenden. Aber du hast noch Teile von tierischem Eiweiß in deiner Ernährung. Das sind vor allem die Esswaren aus Teig, die du gerne isst. Aber auch die Kekse.

Auch solltest du bei deiner Ernährung auf ausreichend Flüssigkeit achten. Du trinkst zu wenig Wasser. Du musst täglich zwei Liter klares Wasser trinken.

Auch solltest du auf ausreichend Bewegung achten. Du bewegst dich zu wenig.

Auch musst du dich mit der Übertragung von Energien auf andere Menschen beschäftigen. Das gelingt dir noch nicht, weil du die Methode nicht kennst. Das geht so:

1. *Du musst dich auf den Menschen einstellen, indem du ihn rufst.*
2. *Dann nimmst du auf einer Skala von eins bis acht seine siebenstellige Frequenz auf.*
3. *Dann erfährst du von Jesus (über das Pendel), was diesem Menschen fehlt.*
4. *Dann erfährst du von Gott die Heilungsfrequenz. Gott gibt dir diese Zahlen in deinen Geist, ohne dass dir diese Zahlen bewusst werden.*
5. *Dann bittest du Gott, diesem Menschen diese Heilungsfrequenz übertragen zu dürfen.*

Das geschieht alles, ohne dass du die Heilungsfrequenz auspendeln musst. Der Mensch erhält dann von Gott die Heilungsfrequenz übertragen. Du bist dann das Medium, das die Energie überträgt. Der Mensch, dem du die Heilung bringst, kann anwesend sein, aber er muss es nicht.

Du kannst dich auch selbst heilen, wenn du deine Frequenz ermittelst, Jesus fragst und Gott rufst.

Das sind die Aufgaben, die du jetzt erledigen musst."

Pater Pio war also jetzt der Beauftragte Gottes, der meine Nahrung konsequent überwachte. Mit den kleinen Kompromissen, die Jesus noch zuließ, war es also jetzt vorbei. In einem Supermarkt hatte ich zwei vegetarische Pizzasorten und Kekse entdeckt, die mir Jesus erlaubte zu essen, weil das bisschen Käse auf der Pizza und das bisschen Milch in den Keksen unbedenklich wären und nicht zum Informationsboykott führen würden. Aber durch die neue Einweihung war es damit nun auch vorbei. Mein neuer Ernährungsberater war Pater Pio.

Am 14.04.2013 meldet sich Samuel. *„Ich habe die Aufgabe, die Menschen auf ihre Aufgaben vorzubereiten. Du musst heute deine volle rasche Kunst der Heilung an dir selbst vollziehen, weil du sonst zur frühen Alterung neigst. Du musst deine Frequenz ermitteln und Jesus bitten, dir deine Belastungen mitzuteilen. Dann rufst du Gott und bittest um deine Heilung. Dann wirst du bald geheilt sein."*

Ich rufe meine Körperfrequenz ab: 8684849

Ich rufe Jesus und Jesus erklärt mir, welche Belastungen sich hinter dieser Körperfrequenz verbergen:

„Du hast am After eine Zyste, die dich belastet. Du hast in der Wirbelsäule eine Verkrümmung, die dich belastet. Du hast in der Lunge viele Keime, die dich belasten. Du hast in deinen Herzkranzgefäßen kleine Adern, die nicht mehr arbeiten und dich belasten. Du hast auf der rechten Seite deiner Waden Durchblutungsstörungen, die dich belasten. Du hast in deinen Augen Muskelverhärtungen, die dich belasten. Du hast in deinen Knien viele Knorpelverletzungen, die dich belasten. Du hast auf der linken Seite der fleißigen Leber eine Vernarbung, die dich belastet. Du hast im Darm eine Zyste, die auf dem Wege des Abbaus ist, die dich aber noch belastet. Auf der rechten Seite deiner Kauleiste hast du einen Zahn, der dich belastet. Dann hast du Beschwerden in den Gelenken, die dich belasten. In deinem Kopf hast du viele wichtige Zellen, die beginnen sich aufzulösen, weil du es vernachlässigst, ihnen Aufgaben zu stellen. Das hat Auswirkungen auf deine Konzentration. Du musst mehr Verantwortung übernehmen in der Beantwortung von Fragen der anderen Menschen. Dann hast du auf deinem Kopf Schuppen, die du auf dem Weg der richtigen Behandlung deiner Haare bekommen hast, die du aber nicht beseitigen konntest, weil du dich falsch ernährt hast. Auch hast du in deinem Blut noch restliche Keime von Borrelien, die du aus

deiner Kinderzeit bekommen hast. Sie stören dich wenig, können aber wieder aufbrechen. Das ist alles. Jetzt rufe Gott und bitte um deine vollständige Heilung."

Ich setzte mich in der bekannten Meditationshaltung hin und rief Gott. Ein starker Strom durchfloss meinen gesamten Körper. Nach wenigen Minuten ließ der Stromfluss spürbar nach.

Ich fragte Gott, warum dieses wunderbare Empfinden eines unmittelbaren göttlichen Kontaktes so plötzlich wieder aufgehört hat, und Gott erklärte mir dann, dass die Frequenzübertragung nicht länger dauert und damit dann der Heilungsprozess eingeleitet wurde. Prozess bedeutet also, dass es nicht bei allen aufgeführten Belastungen zu Spontanheilungen kommen wird. Deshalb sagte Gott auch: *„Du hast jetzt viele Heilungen bekommen. Jetzt muss sich alles ordnen."*

Ich war erstaunt über die Unordnung in meinem Körper, aber vor allem über die Genauigkeit der Anamnese. Selbst die kleine Stelle am Zahn, die am folgenden Tag behandelt werden sollte, war in der Auflistung enthalten. Ich fragte auch nach den Kopfschuppen, die doch eigentlich verschwinden müssten, da ich mich doch nach Vorschrift ernährte. Jesus antwortete, dass das auch schon viel weniger geworden wäre, aber die Schuppen resultierten jetzt „*aus der zügigen Trocknung meiner Haare*". Eine wunderbare Umschreibung für das Föhnen der Haare.

Drei Tage später fragte ich Jesus, ob ich heute über die Frequenz-Methode Gott erneut um Heilung bitten darf. „*Das kannst du tun, antwortete Jesus.*" Ich rief also erneut meinen Namen und bat um die Mitteilung meiner Körperfrequenz. Sie lautete diesmal 8847488.

Ich fragte Jesus, ob die einzelnen Frequenzzahlen ebenso eine Bedeutung hätten wie die Einweihungszahlen für die Verbindung zur Geistigen Welt Gottes. Und Jesus erklärte, dass diese Zahlen einer anderen Dimension angehörten und deshalb auch eine andere Bedeutung hätten.

Die Frequenz bedeutet: 8 = männlich, 8 = der Körper ist in einem guten Zustand, 4 = es gibt eine Reihe Belastungen, 7 = du kannst geheilt werden. Die letzten drei Zahlen 488 sind Bestätigungszahlen auf dem Körper, d.h., dass der Geist diese Zahlen akzeptiert. Bei der ersten Frequenz am 13.04.2013 waren die letzten drei Zahlen nicht identisch mit den ersten drei Zahlen. Gott erklärte mir, dass der Körper sich an eine Reihe Belastungen gewöhnt hätte, weil sie keine

Schmerzsignale aussenden würden und deshalb auch vom Geist nicht als Belastungen registriert würden. Erst durch die Übertragung der Heilfrequenz wird der Geist informiert und akzeptiert die von Jesus gegebene Anamnese. Wenn in der Frequenz die letzten drei Zahlen eine Wiederholung der ersten drei Zahlen darstellen, dann bedeutet das also, dass der Geist diese Analyse bestätigt.

Wenn die letzten drei Zahlen völlig anders sind, dann bestätigt der Geist diese Analyse nicht, obwohl diese richtig ist. D.h. der Geist kann diese Anamnese nicht nachvollziehen. Dann informiert Gott, wenn Gott gerufen und um Heilung gebeten wird, die Seele. Diese informiert den Geist, damit die Energien des Körpers zur Heilung aktiviert werden.

Jetzt bekam ich noch folgende Belastungen dazu: *„Du hast eine schiefe Schulter, die dir beim Gehen Beschwerden verursacht. Du hast im Unterleib viele mehrgleisige Venen, die deine Verdauung erschweren. Das sind ausgedehnte Adern. Du hast auf deinem Finger eine Wunde, die vom Verbrennen kommt. Das ist alles."*

Das sind jetzt drei neue Belastungen, die am 14.4. nicht mit genannt wurden. Die am 14.4. genannten Belastungen wurden auch nicht noch einmal genannt, obwohl sie zum Teil noch spürbar bestehen. Jesus sagte dazu: *"Das ist richtig, weil sie sich bereits in der Heilung befinden. Du musst geduldig und demütig sein."*

Es war auch diesmal wieder erstaunlich, wie genau mein Körper „durchleuchtet" wurde. Am Tag vorher kam ich beim Bügeln mit dem Mittelfinger der linken Hand an die heiße Platte des Bügeleisens. Die Verbrennung war minimal, aber es wurden eben Zellen beschädigt, die repariert werden mussten.

Jesus erklärte mir nun die Bedeutung der einzelnen Zahlen der Körperfrequenz:

Die Skala geht von 1 – 8.

1. Die erste Zahl charakterisiert das Wesen

1 = Baby, 2 = männliches Kind, 3 = weibliches Kind, 4 = Frau, 5 = weibliches Tier, 6 = männliches Tier, 7 = Mensch über 100 Jahre, 8 = Mann

2. Die zweite Zahl beinhaltet den Gesundheitszustand

1 = fast tot, 2 = sehr krank, 3 = krank, 4 = anfällig für Krankheiten, 5 = sehr schwach, 6 = ist schwach, 7 = etwas geschwächt, 8 = gesunder Zustand

3. Die dritte Zahl beinhaltet die Anzahl und Schwere der Belastungen

1 = sehr gering, 2 = gering, 3 = ist gegeben, 4 = ist hoch, 5 = sehr hoch, 6 = schon lebensbedrohlich, 7 = sehr lebensbedrohlich, 8 = ist tödlich

4. Die vierte Zahl beinhaltet die Heilbarkeit

1 = nicht heilbar, 2 = eingeschränkt heilbar, 3 = heilbar, aber schwierig, 4 = heilbar, 5 = gut heilbar, 6 = sehr gut heilbar, 7 = verschwindet von selbst, 8 = Spontanheilung.

Gott: *„Du hast jetzt viele Heilungen bekommen. Jetzt muss sich alles ordnen."* Wie macht Gott das? *„Das ist ganz einfach. Gott erkennt die Unordnung und stellt die Ordnung wieder her. Gott löscht die Informationen, die die entarteten Zellen miteinander austauschen. Diese Zellen bekommen dann die richtige Information. Die Seele ist der Informationsgeber der Körperfrequenz. Die Anamnese ist nur für dich wichtig. Gott kennt sie bereits."*

Wenn Gott sagt, dass Gott mich liebt und meine Belastungen bereits kennt, warum heilt mich dann Gott nicht automatisch?

„Das ist so. Gott muss erkennen, ob du die Heilung jetzt auch willst. Denn die Belastungen hat dir nicht Gott gegeben. Du hast zugelassen, dass die finsteren Kräfte in dich eindringen konnten."

Aber ich bitte doch deshalb immer um Schutz vor diesen Kräften. Und trotzdem werde ich nicht geschützt? *„Das ist richtig. Aber du entscheidest immer wieder neu. Und wenn du dich aus dem Schutzbereich entfernst, dann kann Gott dir nicht folgen und du musst die Folgen tragen."*

Es gibt also keinen automatischen Schutz mit Depotwirkung vor den Kräften der Finsternis? *„Das ist richtig. Deshalb ist auch der Schutz vor den Kräften der Finsternis nicht in Gottes Gebet enthalten."*

Das ist göttliche Logik, denn die Kräfte der Finsternis sind Gottes Werkzeuge, damit wir lernen, zwischen Gut und Böse unterscheiden zu können.

Gibt es aber einen automatischen Schutz vor den Mächten der Finsternis? *"Das ist etwas anderes. Die Mächte der Zerstörung sind die Feinde der Schöpfung. Deshalb schützt Gott alle die Menschen, die sich mit dem Gebet an Gott wenden und sich damit unter Gottes Schutz stellen."*

Kann auch die Methodik der Frequenzheilung Inhalt dieses Buches sein? *"Das kann auch geschehen."* Das wird aber dann viele Nachahmer finden, die gar nicht von Gott eingeweiht wurden und durch die formale Anwendung dieser Methode gar keine oder falsche Angaben erhalten werden? *"Auch das wird so sein. Aber alle Menschen haben durch wirkliche Gottesnähe die Möglichkeit, in die Methodik der Frequenzheilung eingeweiht zu werden."*

Die Formen der Heilung

Ebenfalls am 13.04.2013 gab mir Jesus den Auftrag, dass ich heute die vielen Formen der Heilung aufschreiben soll. Ich hatte mich aber zuerst mit der Botschaft von Pater Pio beschäftigt, stellt aber dann fest, dass die Formen der Heilung im engen Zusammenhang mit meinem Auftrag stand, nun bestimmte Menschen durch Gott heilen zu lassen.

Jesus diktierte mir zehn Formen der Heilung.

1.   Die Behandlung der äußeren Verletzungen

Bei dieser Form hat der Heiler die Aufgabe, den Verletzten so zu behandeln, dass er frei von Schmerzen ist.   Die geistige Hilfe besteht in der Beruhigung des Verletzten.

2.   Die Behandlung der inneren Verletzungen

Bei dieser Form hat der Heiler die Aufgabe, den Verletzten mit viel Liebe auf den Einsatz der verschiedenen medizinischen Maßnahmen vorzubereiten. Er muss ihm sagen, dass es auch schmerzhaft und mit dem Verlust von wichtigen Funktionen verbunden sein kann. Die Wahrheit ist immer besser als die Unwahrheit.

3.   Die Behandlung von Behinderungen

Bei dieser Form der Behandlung hat der Heiler die Aufgabe, dem Leidenden mit Respekt zu begegnen, weil er seine Behinderung nicht verbergen und auch keine anderen Wege beschreiten kann, als die, die ihm seine Behinderung ermöglicht. Der Heiler kann hier keine Änderung der Situation erreichen als die Bedingungen so zu gestalten, dass der Behinderte seine Behinderung nicht merkt.

4.   Die Behandlung von dauerhaften Leiden

Bei dieser Form muss der Heiler mit viel Einfühlungsvermögen die Behandlung einleiten, da der Kranke auf seinem Lebensweg nur Schmerzen erlebt, die ihm zu einem vermeintlichen Opfer äußerer Umstände werden lassen. Der Heiler muss herausfinden, wodurch die Behandlung ausgelöst wurde, auch wenn er im Moment keine Heilungsmöglichkeit sieht. Das ist für den Kranken natürlich keine Lösung, aber eine notwendige Bedingung für seine Heilung. Viele Heiler versuchen jetzt irgendwelchen Unsinn zu machen, indem sie sich angeblich mit höheren Mächten verbinden, die heilenden Energien in den Kranken hineinfließen lassen. Diejenigen Heiler, die das können, sind von Gott ausgewählt worden und haben die Verbindung zur geistigen Welt erhalten. Ein Beweis für diese Gabe ist die Schadensbegrenzung bei dem Vorgehen des Heilers. Er erklärt von vornherein, dass nicht er es ist, der heilt, sondern allein Gott. Er nimmt für seine Tätigkeit auch kein Geld, weil Gott kein Geld braucht, um seine Kinder zu heilen. Auch wird der Heiler seine Aufwendungen nicht in Rechnung stellen und lässt sich diese auch nicht über Spenden vergüten. Wenn der Heiler die Ursache gefunden hat, bittet er Gott die Heilung durchzuführen. Der Heiler lässt sich dabei von Gott führen, auch wenn es so aussieht, als wenn er der Agierende ist. Das ist egal. Wichtig ist, dass der Kranke die Form der Behandlung akzeptiert. Bei vielen Heilern spielen die Hände eine große Rolle. Das ist auch gut so, denn die Hände auf dem Körper erzeugen Ruhe und Zufriedenheit. Der Kranke spürt, dass der Heiler sich intensiv mit ihm beschäftigt und fühlt sich in seiner Obhut geborgen. Das ist äußerst wichtig, weil jeder Kranke wissen muss, dass da jemand ist, der ihn von seinem Leiden wirklich befreien kann.

Wenn die Behandlung beendet ist, muss sich der Heiler bei Gott bedanken, auch wenn die Heilung nicht sofort eintritt. Das muss dem Kranken auch gesagt werden, dass jetzt erst einmal die Bedingungen geschaffen wurden, dass sich die heilenden Energien im Körper des Kranken ausbreiten. Das muss dem Kranken bereits vorher erläutert werden. Auch wenn der Kranke das für Betrug hält. Das muss dem Heiler aber egal sein, denn der Kranke wird an der Behandlung nicht sterben und zum anderen hat es nichts gekostet.

Das ist eigentlich schon alles bei der vierten Form.

5. <u>*Die Behandlung von dauerhaften Belastungen*</u>

Die fünfte Form der Behandlung ist die Befreiung von dauerhaften Belastungen. Auf einen dauerhaften Schmerz folgt oft die Verzweiflung. Dann wird der Heiler erst einmal auf die Symptome achten, die der Kranke angibt. Diese weisen in eine bestimmte Richtung, sind aber nicht die Krankheit selbst. Dann wird der Heiler mit dem Kranken ein längeres Gespräch führen, in dem er erkennen will, was die geistige Ursache der Belastung ist. Das ist oft äußerst schwierig, weil der Kranke das nicht weiß. Er wird auch alle möglichen äußeren Faktoren anführen, die er glaubt zu kennen. Da muss sich der Heiler sehr zurück halten und nicht gleich mitheulen, denn das hilft weder dem Kranken noch dem Heiler. Der Heiler versucht jetzt auf die Ursachen zu kommen, indem er dem Kranken verschiedene Therapien anbietet. Das könnte eine Weiterentwicklung der Heilungschancen ermöglichen, aber auch eine schulmedizinische Behandlung, wenn diese nicht bereits ausgeschöpft wurde.

Ein guter Heiler verbindet sich jetzt mit Gott, wenn er das nicht bereits getan hat, und bittet Gott um Hilfe bei der Behandlung des Kranken. Das geschieht so, dass der Heiler dem Kranken die Hände auf den Kopf legt und ihn bittet, die Augen zu schließen und auf die Stimme des Heilers zu achten. Dann beginnt der Heiler mit einer Heilmeditation. Diese könnte wie folgt lauten:

„Auch du, Kind Gottes, wirst geliebt. Gott umfängt dich mit seiner ganzen Liebe. Du sollst jetzt in alle Verbindungen mit Gott gehen. Auch alle deine Gedanken bewegen sich zu Gott. Vertraue auf beide Verbindungen, auf Gott und die geistigen Wesen, die dir die Heilung bringen werden. Alle deine geistigen Kräfte verbinden sich nun mit diesen Kräften zu einer heilenden Einheit. Erkenne in dir die Widerstände, die du deinen geistigen Kräften entgegen stellst und akzeptiere diese Widerstände als deine Ursache für die Krankheit in dir. Achte auf die Stimme, mit der sie zu dir sprechen. Sie wollen, dass du bleibst wie du bist. Aber du bist stark. Du beginnst deine Kraft zu erkennen und zu denken, dass du es bist, der diese Widerstände aufgebaut hat. Achte auf deine eigene innere Stimme, die dir jetzt sagt, dass du stärker bist und alle Widerstände überwindest, wie auch alle Symptome dieser Belastung. Verbinde dich jetzt ganz fest mit Gottes Heilkraft und danke für die unendliche Liebe, mit der dich Gott beschenkt."

Diese Meditation sollte der Heiler ganz langsam sprechen und immer darauf achten, dass der Kranke sich nicht bewegt.

Vor allem sollte der Kranke sich auf diese Meditation gut vorbereiten, indem er sich über die Techniken der Meditation informiert. Das bedeutet, dass sich der Kranke gerade hinsetzt, dass er die Beine nicht überkreuzt, dass er die Hände auf die Oberschenkel legt und die Hände öffnet wie kleine Schalen. Das kann auch mit leiser Musik geschehen.

Es gibt natürlich Kranke, die auf diese Meditation nicht ansprechen. Das muss man erkennen. Dann muss der Heiler eine andere Form finden. Das ist dann die direkte Benennung der Ursachen, die der Heiler von Gott übermittelt bekommen hat. Wie bekommt der Heiler von Gott die Ursachen genannt? Das kann auf verschiedene Art geschehen und ist abhängig davon, in welche Form der Kommunikation mit Gott der Heiler eingeweiht wurde. Der eine bekommt das in Form von Gedanken, der andere als Hinweise mit den Händen, der andere durch ein Pendel und der andere durch direkte Worte, die ihm diktiert werden. Die Art und Weise ist deshalb sehr unterschiedlich. Das muss der Heiler durch fleißiges Üben erkennen. Auch die Meditation kann der Heiler verändern. Das liegt ganz in seinem Ermessen. Der Heiler ist in seinen Möglichkeiten unbegrenzt, solange er sich immer mit Gott verbindet.

Auch der Kranke kann selbst einen großen Teil zu seiner Heilung beitragen, indem er offen ist für diese Form der Heilung. Das kann er, indem auch er Gott bittet, ihm zu helfen gesund zu werden.

6. <u>Die Auflösung von dämonischen Besetzungen</u>

Die sechste Form ist die Auflösung von dämonischen Besetzungen. Die Auflösung der dämonischen Besetzungen beginnt mit der Analyse der Symptome.

Der Kranke weiß von seiner Besetzung nichts. Er ist in seinen Tätigkeiten in keiner Weise eingeschränkt. Das ist ja gerade das Seltsame, dass es unbemerkt abläuft. Nur in ganz bestimmten Situationen verhält sich der Kranke seltsam. Er hat dann Vorstellungen von Personen, die früher bestimmend in sein Leben eingegriffen haben. Das geschieht nicht ständig, sondern nur in Verbindung mit bestimmten Gegenständen oder Tätigkeiten, die der entsprechende Mensch angesprochen hat. Immer wenn der Kranke mit den Gegenständen oder Tätigkeiten in Berührung kommt, treten die Symptome auf, die sich der Kranke nicht erklären kann.

Dabei muss der Heiler aufpassen, dass er nicht in den Sog dieser dämonischen Energie gerät. Er muss sich also vorher mit Gott verbinden und sich dadurch schützen.

Aber wie kann eine solche dämonische Besetzung überhaupt zustande kommen?

Der Kranke hat diese Person einmal geliebt. Aber irgendwann hat er erkannt, dass diese Liebe nicht auf Gegenseitigkeit beruht und ist mit seinen Gefühlen aus dieser Verbindung ausgetreten. Der verletzte Partner hat das nie verzeihen können, hat das nach außen aber nie gezeigt. Er hat aber die finsteren Mächte um Hilfe gebeten, damit eine bleibende Bindung der Angst und der geistigen Abhängigkeit besteht bleibt. Der andere Mensch wird körperlich nicht mehr da sein, wenn die Wirkung der angesprochenen Gegenstände oder Tätigkeiten einsetzt. Dann wird alles noch viel mystischer und unerklärlicher für den Kranken.

Der Heiler muss jetzt herausfinden, welche Gegenstände oder Tätigkeiten angesprochen wurden. Das ist mit dem weiteren wahrscheinlichen Aufflackern der Symptome verbunden, da die finsteren Mächte jetzt aufgeschreckt werden. Diese beginnen sofort zu reagieren, indem sie den Kranken angreifen und heftig attackieren. Dieser wird sich auf den Boden werfen oder schreien, oder andere ganz ungewöhnliche Dinge tun. Der Heiler wird nun die Gegenstände finden und verbrennen. Bei den angesprochenen Tätigkeiten muss er aufpassen, dass er nicht angegriffen wird, denn der Kranke kann jetzt Kräfte entwickeln, die er von den Mächten der Finsternis erhält, die sehr stark sein können, aber wieder vergehen, wenn der Heiler sofort Gott ruft. Die Mächte der Finsternis haben vor der Kraft Gottes Angst und ziehen sich sofort zurück, wenn sie spüren, dass Gott gerufen wird.

Der Heiler muss jetzt auf den Kranken seine Energie übertragen, wie das in der fünften Stufe erklärt wurde. Bei denen, die auf Meditation nicht ansprechen, muss der Heiler Gott bitten, die Reinigung vorzunehmen.

7. Die Aufdeckung traumatischer Ereignisse

Die siebte Stufe ist die Stufe der Aufdeckung traumatischer Ereignisse.

In dieser Stufe werden wir erfahren, wie bestimmte Ereignisse im Leben des Kranken Veränderungen in seiner Zellstruktur verursachen.

Wir erleben Menschen, die auffallend schwere Erkrankungen haben, die sich als äußerst behandlungsresistent erweisen. Dazu gehört hauptsächlich Krebs. Die Menschen können sich das Entstehen dieser Krankheit nicht erklären, weil die Ursache viele Jahre zurück liegt. Der Heiler muss jetzt herausfinden, wann das geschehen ist und was geschehen ist. Der Kranke kann dann erkennen, dass er die Ursache selbst war. In der Regel hat der Kranke auf diese Ereignisse mit Hass reagiert. Das führt zu einer Verengung der Blutzufuhr in bestimmten Bereichen des Körpers. Das wiederum führt dazu, dass die betroffenen Zellen zu einer anderen Form der Energieversorgung übergehen. Die Zellen beginnen zu gären, und das ist Krebs. Der betroffene Bereich wächst sehr langsam, aber stetig, weil die Ursache nach wie vor besteht. Der Kranke weiß nicht, wie er sich selbst aus dieser Situation befreien kann. Er versucht alles Mögliche, die Symptome zu behandeln. Die schulmedizinischen Formen der Behandlung werden keinen Erfolg haben, da sie sich nur an den Symptomen orientieren.

Was muss nun der Heiler tun, um die Ursachen dieser Krankheit aufzudecken und die Energie, die aus diesen Ursachen nach wie vor fließt, zu unterbrechen. Die Energie des Hasses muss umgepolt werden in eine Energie des Verzeihens. Das ist für den Kranken eine nahezu unmögliche Zumutung, da er das nicht möchte und auch nicht kann. Zu tief sitzt der Schmerz der Erniedrigung und Entwürdigung über das früher Geschehene, das immer wieder aufgewühlt wird und dadurch immer neue Schübe verursacht, auch wenn die Krebsbehandlung schon eingeleitet wurde.

Wie geht jetzt der Heiler vor? Zuerst wird er den Kranken auffordern, alles zu erzählen, was er weiß. Dann soll der Kranke analysieren, warum der andere so gemein zu ihm gewesen sein könnte. Das könnte bereits auf die Mitverantwortung schließen, die der Kranke an diesem Vorfall hatte. Weiter sollte der Heiler versuchen, die Schärfe aus dem Vorfall zu nehmen. Das wird schwer sein, weil der Kranke das nicht herunter spielen kann. Auch die andere Seite der Medaille wird der Kranke schwer verstehen. Doch Beharrlichkeit führt zum Ziel. Der Kranke wird schließlich einsehen müssen, dass kein Weg zur Heilung am Verzeihen vorbei führt. Das bedeutet, dass die Quelle der Krankheit verstopft wurde und dadurch die Möglichkeiten der Heilung gegeben sind. Den weiteren Weg der Heilung kann jetzt der Heiler der Schulmedizin überlassen. Der Heiler wird aber kontrollieren müssen, ob der Kranke sich an sein Versprechen hält.

8. Die schleichende Überforderung

Der achte Versuch der Heilung betrifft die schleichende Überforderung. Das ist eine Erkrankung, die keiner wahrnehmen will. Denn jeder ist diesen Belastungen ausgesetzt, ob er es will oder nicht.

Was kann der Heiler hier bewirken? Der Heiler muss erkennen, dass der Kranke diesen steigenden Belastungen ausgesetzt ist, er kann es aber nicht verhindern. Der Heiler wird versuchen, auf den Kranken einzuwirken und ihn zur Ruhe zu bewegen. Das kann durch Meditation oder durch Abbau der weiteren Anspannungen erfolgen. Der Heiler muss hier sehr geduldig sein. Auf keinen Fall darf er zur Beschleunigung beitragen. Das verzögert die Heilung. Der Kranke muss daran gewöhnt werden, selbst die Methode zu finden, die ihn zur Ruhe zwingt. Das wird dann gelingen, wenn er den Erfolg an sich spürt.

9. <u>Die Belastung aus karmischen Aufgaben</u>

Das ist eine Aufgabe, die sehr viel in die vielen Leben der Menschen eingreift. Die Lösung karmischer Aufgaben ist dem Heiler nicht erlaubt, weil das eine Aufgabe ist, die Gott dem Menschen gestellt hat. Wir können nur ergründen, welche Vergehen der Mensch in einem früheren Leben begangen hat. Das kann sehr vielfältig sein. Vergehen, die den Tod eines Menschen bewirkten, werden von Gott nicht mit einer karmischen Aufgabe belegt. Diese Menschen kommen in das Reich der Finsternis, wo sie solange bleiben, bis eine Menschenseele gefunden ist, die dieser Seele als Tierseele die Liebe zeigt, die Menschen den Tieren gegenüber zeigen müssen. Menschen, die kein menschliches Leben vernichtet haben, kommen zu Jesus in das Jenseits, um dort von den Ursachen ihrer Verfehlungen gereinigt zu werden. Das geschieht auf verschiedene Art und Weise und ist abhängig von der Schwere der Verfehlung. Übrig bleibt das Vergehen, das als karmische Aufgabe in das neue Leben mitgenommen wird. Der Heiler kann Gott bitten, ihm die karmische Aufgabe zu nennen. Aber in der Regel erfährt das der Heiler nicht. Der Heiler muss versuchen, die Menschen so eng wie möglich an Gott zu binden, denn dann kann die Schwere der Aufgabe gemildert werden. Das kann bis zum Verzicht Gottes auf die weitere Abarbeitung führen. D.h. dass der Mensch geheilt wird von Belastungen, die er sonst ein ganzes Leben hätte ertragen müssen.

10. <u>Die Heilung als göttliches Wirken</u>

Das ist die zehnte Form der Heilung. Der Mensch kann überhaupt nicht heilen. Es ist allein Gott, der die Heilung bewirkt. Wir wollen das an einem Beispiel zeigen.

Ein Mensch leidet an einem Tumor, der sich im Kopf

eingepflanzt hat. Der Mensch glaubt, dass das ein Zufall sei, weil sonst alle Menschen einen Tumor haben müssten. Deshalb wird er versuchen, den Tumor mit Hilfe der Schulmedizin entfernen zu lassen. Er begibt er sich unters Messer und wird gesund. Das bedeutet, die Ärzte haben ihn geheilt. Aber nach kurzer Zeit wächst der Tumor wieder, und zwar an derselben Stelle. Wieder muss er operiert werden, was auch diesmal gelingt. Und so wiederholt sich das, bis die Ärzte aufgeben, weil es jetzt lebensgefährlich wird. Was der Mensch nicht weiß, ist die Tatsache, dass der Tumor nicht die Ursache, sondern die Wirkung ist. Wenn er jetzt wüsste, dass seine Lebensweise den Tumor verursacht hat, dann hätte er sich bestimmt anders verhalten. Aber er wusste es nicht. Deshalb kam der Tumor immer wieder. Vor allem hat er nicht erkannt, dass er selbst die Ursache für das Entstehen des Tumors war. Seine Lebensweise konnte er nicht ändern.

Was hat das nun mit Gott zu tun?

Wenn der Mensch sich aus der göttlichen Ordnung begibt, dann begibt sich auch der Körper aus der göttlichen Ordnung. Kehrt der Mensch um, dann kann auch der Körper in die göttliche Ordnung zurück finden. Da helfen keine Operationen. Der Mensch hat die Unordnung gewählt, also folgt der Körper nach. Auch der Wille zu Gott zurück zu finden, ist noch keine Garantie für die Heilung. Erst wenn der Mensch zur Tat schreitet, dann kann Gott eingreifen.

Wir sehen also, dass nicht jeder geheilt werden kann, auch wenn er noch so viel bittet und betet. Solange er sich gegen Gottes Gesetze entscheidet, kann er nicht geheilt werden. Gott tut alles, damit der Mensch zu Gott zurück findet.

Wir haben nun alle zehn Formen behandelt. Du kannst dich nun damit beschäftigen und weitere Erkenntnisse gewinnen, wie du Menschen heilen kannst. Aber glaube nicht, dass nun alle Menschen zu dir strömen werden. Wähle sorgfältig aus, wer es wert ist. Nur wer wirklich bereit ist, Gott zu folgen, den darfst du heilen. Wie kannst du diese Menschen erkennen? Indem du Gott fragst. Und Gott wird dir die richtige Antwort geben."

Jesus antwortete dann auf meinen Einwand, dass ich kein Arzt wäre, dass das auch so bleiben wird und eine schulmedizinischen Behandlung weder behindert noch beeinflusst werden darf.

Am 13.April 2013 bat mich ein Freund, nachdem ich in

der vergangenen Gemeinschaftsstunde unseres Bruno Gröning-Freundeskreises diese zehn Formen der Heilung vorlesen durfte, Gott zu fragen, welche Meinung Gott zur Germanischen Heilweise des Dr. Hamer hätte. Gott antwortet wie folgt: *„Das ist eine sehr gute Weise, Menschen zu heilen, weil sie den Ursachen der Krankheiten auf den Grund geht. Jede Krankheit ist seelisch bedingt und muss von daher untersucht werden. Die germanische Heilweise ist zurzeit verpönt, weil die Mächte der Finsternis das so wollen. Sie verhindern dadurch, dass die Menschen wirklich geheilt werden. Wenn die Menschen begreifen, wer ihre wahren Feinde sind, haben diese Mächte keinen Einfluss mehr. Gott wird denjenigen helfen, die diese Heilweise verteidigen und praktizieren."*

Gott zählt also die „verirrte" Schulmedizin und ihre Verteidiger zu den Mächten der Finsternis, dann ist das insofern verständlich, weil Gott alles und jeden unterstützt, was/der Leben erhält und alles verurteilt mit heiligem Zorn, was Leben vernichtet.

Im meinem ersten Buch hat Gott auf die Frage, ob wir unsere Bekannten, Verwandten und Freunde im Jenseits wiedersehen werden, eindeutig geantwortet, dass das nicht der Fall sein wird. Das wurde auch begründet und von heimgegangenen Seelen, auch von meiner Mutter, bestätigt. Nun sagen aber Menschen, die ein sogenanntes Nahtoderlebnis hatten, dass sie genau diese Personen gesehen hätten. Wie erklärt Gott die Nahtoderlebnisse der Menschen?

Gott antwortet: *„Das sind Erfahrungen, die Menschen machen, wenn sie an die Grenze zum Astralreich kommen. Sie erleben dann ihr gesamtes Leben in einer verkürzten Form, weil dann die Seele aus diesem Erleben noch Verbindungen aussortiert, die nicht ins Jenseits als Karma mitgenommen werden müssen. Dabei erleben und sehen die Menschen auch wieder verstorbene Personen, die einmal in ihrem Leben wichtig waren. Diesen Kurzdurchlauf erleben alle Menschen, bevor die Seele in das Astralreich geholt wird."*

Nun erzählen aber zurückgeholte Menschen, dass sie auch Menschen gesehen hätten, denen sie in ihrem Leben noch nie begegnet wären.

Gott: *„Es läuft nicht nur das eigene Leben ab, sondern auch gleichzeitig das Leben vieler anderer Menschen. Diese*

Abläufe können sich kreuzen. Das geschieht so: Ein Mensch will sterben, aber die Seele ist dazu noch nicht bereit. Der Geist ist bereits dabei sich zu verabschieden, aber er kann es nicht, weil die Seele ihn daran hindert. Deshalb beginnt der Geist das Leben ablaufen zu lassen und sich mit dem Astralreich in Verbindung zu setzen. Das Astralreich wartet immer auf die Seele, die aber nicht kommen wird. So läuft das Leben ab, ohne dass der Mensch stirbt. Gleichzeitig laufen neben seinem Leben noch andere Leben ab. Jetzt kann es geschehen, dass sein Leben mit einem anderen frequenzgleich ist. Jetzt überlagern sich beide Leben, und der Mensch sieht Menschen, die er noch nie gesehen hat. Und jetzt kann es sogar geschehen, dass dieser Mensch von dem anderen Menschen Eigenschaften übernimmt, die er vorher nicht hatte. Das ist dann für alle das unerklärbare Wunder."

Ich bat Gott, einige Begriffe zu erläutern, die meine Frau und ich in den Botschaften erhalten und die auch in der esoterischen Literatur gebraucht werden.

„Das <u>höhere Selbst</u> ist die Bezeichnung für die Seele. Ihr könnt die Seele rufen, sie wird aber nicht antworten, weil sie neutral sein muss. Das Ja/Nein beim Pendeln ist nicht die

Antwort des höheren Selbst, sondern die Resonanz mit der gesuchten Frequenz.

Wenn ihr die Seele ruft, dann weiß die Seele, dass ihr ein Problem habt. Die Seele „spricht" dann mit euch auf dem Weg über eure Gefühle. Ihr könnt nicht mit der Seele sprechen, weil sie dann Wertungen treffen müsste. Und das kann eine Seele nicht. Dieses „Sprechen" ist kein Antworten, sondern die Vermittlung eines Zustandes im Körper oder Geist.

<u>Das Haus</u> bedeutet Körper und Geist. Der Körper ist das materielle Sein. <u>Bruder und Schwester</u> sind Boten Gottes. <u>Das andere Ich</u> ist der Mensch in einem früheren Leben.

Das <u>hohe Selbst</u> ist die geistige Matrix des Menschen, der göttliche Plan der Schöpfung. Die Krankheit ist eine vom Menschen vorgenommene Veränderung des Bauplanes."

Kann ich mit meinem hohen Selbst sprechen? *„Jeder, der sich selbst heilen will, muss mit seinem hohen Selbst sprechen. Er muss es rufen und bitten, die ursprüngliche Form des Planes wieder her zu stellen.*

<u>Das Selbst</u> ist der Mensch als geistiges Wesen. Du kannst das Selbst bitten umzukehren zu Gott. Du kannst dein Selbst

bitten, Gewohnheiten abzubauen oder zur Vernunft zu kommen.

<u>Das niedere Selbst</u> kennt Gott nicht. Es ist keine Form des menschlichen Seins.

<u>Das Unterbewusstsein</u> ist das versteckte Sein. In ihm ist das frühere Leben und die karmische Aufgabe gespeichert. Das Unterbewusstsein arbeitet auch, wenn der Mensch schläft. Es greift auch ein bei Gefahrensituationen, die genetisch nicht verankert sind.

<u>Das intuitive Handeln</u> ist Teil des Bewusstseins, das die Menschen insgesamt als Erfahrungen gesammelt haben und das in den Genen verankert wird."

Am 19. Mai 2013 fragte ich Gott, wer mir eine schöne Geschichte erzählen könne. Es meldet sich Dorides. Dorides war einer der drei Weisen aus dem „Morgenland", die Jesus in Bethlehem aufsuchten. *„Ich bin ein Helfer Gottes. Ich war der Lehrer von Jesus in Ägypten. Das war eine sehr schöne Zeit, weil Jesus ein ganz fleißiger Schüler war."* Hast du Jesus gelehrt, dass die Erde eine Scheibe oder eine Kugel ist? *„Das war zu dieser Zeit keine Frage, die beantwortet werden musste, weil es darum ging, Jesus auf seine Aufgaben* *als Retter der Menschheit vorzubereiten. Ich habe ihm die Kunst der Meditation beigebracht."* Worin besteht das <u>Wesen der Meditation?</u> *"Das Wesen der Meditation besteht in der Verbindung mit der eigenen Seele, die darauf wartet, dass sie gerufen wird. Wenn ihr eure Seele gerufen habt, dann lasst sie „sprechen" und schweigt. Ihr werdet wirkliche Vorgänge in eurem Geist wahrnehmen, die euch erkennen lassen, dass es eine enge Verbindung gibt zwischen eurer Seele und eurem Geist. Diese Verbindung erkennt ihr an den vielen Botschaften, die ihr bekommt, wenn ihr euch ganz tief in euer wirkliches aurales Sein vertieft. Das gelingt nur dann, wenn ihr euch ganz tief in die Verbindung mit Gott begebt."* Ist das Ziel der Meditation innere Ruhe oder Erkenntnis meines Ich bin? *„Das Ziel der Meditation ist vor allem das Erkennen seiner eigenen Bestimmung in den Wirren der Zeit. Wer das nicht erkennt, wird seinen Weg nicht finden und herum irren. Das ist gerade jetzt bei euch notwendig, weil die Versuchungen noch nie so groß waren, um in die Fänge der finsteren Mächte zu geraten."*

Dorides, was ist zu empfehlen, ein tägliches Meditieren oder ein situationsbedingtes Meditieren? *„Ihr solltet* *täglich meditieren."*

Nun sind wir im Bruno Gröning-Freundeskreis und stellen uns täglich auf den Empfang des Heilstroms ein. *"Das ist etwas ganz anderes. Das Meditieren ist eine Verbindung mit eurer Seele. Das Einstellen ist eine Verbindung mit Gott."*

Ich bezeichne das Einstellen zu Beginn der Stunde als meditatives Einstellen. *"Das ist weder richtig noch falsch. Du musst wissen, was du willst. Wenn du die Verbindung mit der Seele bezweckst, dann musst du meditieren und schweigen. Wenn du die Verbindung mit Gott bezweckst, dann musst du sprechen und den Heilstrom in die Menschen leiten. Aber beides gleichzeitig geht nicht. Du musst dich auf eines konzentrieren. In den Zusammenkünften mit den Freunden solltet ihr euch einstellen. Wenn die Freunde zu Hause sind, dann können sie meditieren."*

Das heißt also, dass der Begriff „meditatives Einstellen" nicht passend bzw. falsch ist? *"Das ist richtig."*

Bruno Gröning sagte mir aber, dass ich mit dem meditativen Einstellen den guten Strom den guten Seelen anpassen würde. *"Das ist ja auch richtig, weil das, was du machst, das Einstellen ist und nicht das Meditieren."*

Dorides, am 09. Mai 2013 meldete sich Mesina, eine Helferin Gottes, und sagte: *„Du wirst heute eingeweiht in die Kunst der großen Meditation. Das bedeutet, dass du ab jetzt alle Menschen mit deiner Meditation erreichen wirst. Du erhältst jetzt von mir eine Meditation, die du dir einprägen und immer in deiner Gemeinschaft aufsagen musst:*

„Auf dieser Erde gibt es Liebe und Glück für alle Menschen. Sei weise und verdiene dein Wohl auf dieser Erde. Bruno Gröning und alle Helfer Gottes stehen dir bei in deinem Bestreben, mit Liebe und Verzeihen dein Leben zu gestalten. Die Wächter der Erde bewachen dich und helfen dir dabei. Die Kraft Gottes durchdringt jetzt dein ganzes Sein. Du bist umhüllt von einem verweilenden Licht auf deiner Seele, das dich verbindet mit allen Zellen deines Körpers. Deine Zellen nehmen dankbar dieses Geschenk an und füllen sich mit göttlicher Energie der bedingungslosen Liebe. Du wirst befreit von allen falschen Informationen in deinen Zellen. Du wirst aufgebaut in allem, was deinem Körper fehlt. Du wirst gesäubert von allem Schmutz in deinem Geist. Du wirst einbezogen in das Heer der Diener Gottes und begreifst deine Mission auf dieser Erde".

„Du musst dich mit deinen Freunden in der Meditationshaltung hinsetzen. Dann rufst du Gott und betest das Gebet

Gottes. Dann sprichst du diese Meditation. In dieser Zeit werden alle Kräfte der geistigen Welt aktiviert, die euch helfen werden, gesund und aktiv zu sein. Dann spielst du leise Musik und lässt die Energie in den Freunden wirken. Das dauert ungefähr fünf Minuten. Dann verweilst du noch etwas in der Ruhe und beginnst dann mit der Gemeinschaftsstunde. Das ist eine kurze, aber kraftvolle Meditation, weil alle Helfer darauf warten. Du kannst wie immer vorher die Freunde in die Ruhe und Entspannung führen."

Dorides, diese Anleitung für eine Meditation in der Gemeinschaftsstunde habe ich von Mesina im Auftrage Gottes erhalten. Kannst du mir meine Verwirrung nehmen? *„Das ist eine sehr gute Kombination von Einstellen und Meditation. Einerseits lenkst du den Heilstrom und andererseits holst du die Verbindung mit der Seele herbei. Die Freunde befinden sich bereits in dem Zustand innerer Ruhe und können diese Verbindung spüren."*

Das heißt, dass ich nach dieser Meditation die Freunde einige Minuten in der Ruhe verweilen lassen soll, und erst dann weiter sprechen soll? *„Das ist richtig."*

Was ist 'Aurales Sein` und wie können wir uns darin vertiefen? *„Das aurale Sein ist euer energetisches Gewand.*

Jeder Körper hat dieses aurale Gewand, ob als Zelle, als ganzer Körper oder als eine Gruppe von Wesen. Dieses aurale Gewand ist die Schaltstelle zwischen Seele und Geist. Wenn ihr meditiert, geht ihr in dieses energetische Gewand ganz bewusst hinein.

Das geht so. Ihr ruft eure Seele und bittet eure Seele, euch mit eurem auralen Gewand zu verbinden. Das geschieht im Geiste, ohne Worte. Dann verharrt ihr in einem tiefen Zustand innerer Ruhe. Das dauert ungefähr zehn Minuten. Wenn ihr dann später wieder aufwacht, dann könnt ihr selbst erkennen, was ihr tun müsst."

Ist das Meditieren im Liegen möglich? *„Das ist möglich, aber nicht gut, da dann die Energie nicht fließen kann."*

Wie ist das zu verstehen, dass auch eine Gruppe ein aurales Gewand hat? *„Alles, was entsteht, bekommt von Gott eine Seele. Nur dadurch kann Gott mit dem Entstandenen in Verbindung treten. Wenn sich eure Gruppe nach der Gemeinschaftsstunde wieder auflöst, wird auch die Seele an Gott wieder zurückgegeben."*

Alles, was entsteht, bekommt von Gott eine Seele, sagte Dorides. Ich sagte Gott, dass das so nicht richtig sein kann, denn ein Embryo ist auch entstanden, bekommt aber erst kurz vor der Geburt eine, seine Seele, unabhängig davon, dass jede Zelle des Embryos beseelt ist. Gott antwortet darauf: *„Das ist richtig, deshalb muss es auch richtig heißen: Alles, was als eigenständiges System entsteht, bekommt von Gott eine Seele."*

Manche Menschen behaupten, dass sie diese geistigen Wesen beim Meditieren oder in der Natur sehen können.

„Diese sind nicht identisch mit den Helfern Gottes. Diese kann man nicht sehen. Was diese Menschen sehen, sind Erscheinungen ähnlich wie Halluzinationen. Gott schenkt ihnen dieses Glücksgefühl als Dank für ihre Liebe zu Gott."

In der Meditation von Mesina finden wir folgende Zeilen: *Du bist umhüllt von einem verweilenden Licht auf deiner Seele, das dich verbindet mit allen Zellen deines Körpers. Deine Zellen nehmen dankbar dieses Geschenk an und füllen sich mit göttlicher Energie der bedingungslosen Liebe.*

Gott erklärte das später in einem anderen Zusammenhang sinngemäß so, dass das verweilende Licht göttliche Energie ist, die aus der Heilfrequenz strömt. Die Frequenz verbleibt bei Gott, aus der das Licht als heilende Energie in die Zellen fließt. Die Frequenz ist die Ursache, das Licht die Wirkung.

Gott erklärte auf meine Nachfrage weiter, dass es zwischen dem „verweilenden Licht" und der Heilenergie Bruno Grönings keinen Unterschied gibt. Das „verweilende Licht" und die Heilenergie sind transformierte universelle Energie, die ausschließlich der körperlichen Heilung dient. Wenn ihr euch mit der Bitte um Heilung beim Einstellen mit Gott verbindet, dann solltet ihr den Begriff „Heilenergie" oder wie bisher „Heilstrom" verwenden.

Die verschiedenen Gefühle und die Kunst sie zu beherrschen

Das ist ein weiteres Thema, mit dem Gott den Menschen zeigen will, wie sie ihre Gefühle nutzen sollen, um ein glückliches Leben führen zu können. Die Menschen der Erde zerstreuen ihre Gefühle auf alle möglichen Dinge, aber konzentrieren sie nicht auf das, was unbedingt erforderlich ist. Das ist kein Vorwurf, sondern eine Tatsache, die es im Folgenden zu beweisen gilt. Alle Wesen auf dieser Erde haben Gefühle, auch Tiere und Pflanzen. Das weiß jeder,

der sich seinen Mitgeschöpfen sensibel zeigt. Aber das kann nicht jeder, weil die Erziehung der Gefühle oft vernachlässigt wird. Auch die Tiere spüren, wenn die Menschen sich um sie sorgen und erwidern diese Gefühle mit dem Wunsch nach Nähe.

Bei allen Pflanzen entsteht eine Anhänglichkeit, wenn sie gepflegt werden. Sie erwidern diese Liebe ebenfalls, indem sie Duftstoffe aussenden, die angenehm sind und heilende Wirkung haben. Ja, es ist sogar so, dass sich bestimmte Pflanzen dort ansiedeln, wo sich im Umkreis eine Krankheit zeigt, die durch diese Pflanze geheilt werden kann. Wer das weiß und daran glaubt, der kann Gottes Liebe spüren und Gottes Unerschöpflichkeit in allen Dingen.

Auch die vielen Mineralien reagieren auf Gefühle der Menschen. Die Menschen müssen auch die Mineralien lieben, dann öffnen sich die Mineralien für den Menschen, obwohl sie keine Gefühle haben und keine abgebenden Kanäle für Energie, wie bei den Pflanzen. Aber sie haben eine feinstoffliche Schwingung, die die Menschen nutzen können, um energetische Defizite auszugleichen. Das merken die Menschen erst, wenn sie sich auf Steine setzen, die sehr stark strahlen, wie z.B. der grüne Malachit oder

der Jaspis. Die Steine können zwar nicht heilen, weil sie keine Heilfrequenzen besitzen, aber sie können zu einem Wohlbefinden beitragen, das ausgleichend wirkt. Wer aber auch die Mineralien nicht liebt, dem verschließt sich auch ihre Energie.

Auch die zahllosen Wälder haben Gefühle. Das wissen die Menschen nicht, deshalb gehen sie sehr sorglos mit ihnen um. Aber die Menschen spüren, wenn sie durch die Wälder gehen, eine Ruhe und Geborgenheit, die ihnen gut tut und sogar heilt.

Was Gott euch damit sagen will, ist sehr einfach: Ihr Menschen seid umgeben von vielen guten Gefühlen, die euch schützen und lieben wollen, die euch einbinden in all das Gute, was Gott für euch bestimmt hat. Ihr müsst es nur erkennen, wenn ihr eure Herzen öffnet

Die Gefühle – ein göttliches Geschenk

Die Gefühle entstehen nicht von selbst. Sie sind dem Menschen als ein Geschenk Gottes übergeben worden. Die Menschen wissen auch das nicht, weil sie glauben, dass der Mensch mit der Geburt mit allen Gefühlen ausgestattet sei. Das ist so nicht richtig. Die Gefühle bekommt der Embryo mit der Zeugung von Gott, damit es sofort auf alle Reize der Umwelt regieren kann. Das ist auch notwendig, da er bereits von der ersten Minute seines Lebens an von den Gefühlen der Eltern, vor allem der Mutter geprägt wird. Auch das solltet ihr wissen, welche Verantwortung ihr übernehmt, wenn ihr euch dem Liebesspiel hingebt, um neues Leben zu zeugen. Je mehr Liebe, Ruhe und Ausgeglichenheit die Mutter ausstrahlt, je tiefer der Wunsch wächst, ein gesundes Kind zu gebären, desto mehr entwickeln sich bereits im Mutterleib tiefe Gefühle des Wohlbefindens. Diese Gefühle müssen entwickelt sein, sonst hat das Kind bereits ab der Geburt einen Nachteil gegenüber anderen Kindern. Es ist unruhig und schreit und gibt dadurch nach außen zu erkennen, dass es Sehnsucht nach Zuneigung und Geborgenheit verspürt. Wenn jetzt auch weiterhin diese Gefühle nicht vermittelt werden, dann entwickelt sich dieses Kind zu einem hartherzigen Menschen, der es schwer haben wird, mit anderen Menschen Kontakte zu pflegen. Gott wird ihm auch hier helfen, Menschen zu finden, die diese Defizite kompensieren. Aber dieser Mensch ist bereits gezeichnet für sein ganzes Leben.

Wir sagen das deshalb in aller Schärfe, weil die Herzlosigkeit zunimmt und immer mehr Kinder geboren werden, die solche Defizite aufweisen. Das ist kein Vorwurf generell an die Mütter, sondern ein Vorwurf an diese Gesellschaft, die es zulässt, dass Kinder in Verhältnissen aufwachsen müssen, die für ihre gefühlsmäßige Entwicklung schädlich sind. Über diese Verhältnisse haben wir bereits an anderer Stelle genügend gesagt. Aber hier geht es um die Auswirkungen auf diejenigen, die sich nicht wehren können und dem ausgeliefert sind, was ihnen angetan wird.

Wir sehen also, dass viel davon abhängt, in welchen Verhältnissen die Kinder aufwachsen. Gott wird auch hier zur weiteren Entwicklung den ganzen göttlichen Schutz geben, damit diese Kinder eine freudige und geborgene Kindheit erleben können.

Die Gefühle als Ausdruck der Liebe Gottes

Die Gefühle werden den Menschen von Gott geschenkt. Das haben wir eben gelesen. Aber es ist nicht so, dass jeder sofort alle Gefühle bekommt. Das ist abhängig von seiner karmischen Aufgabe, die ihm Gott überträgt. Das bestimmt jeder Mensch selbst aus seinem früheren Leben, denn dort hat er die Gefühle verletzt, die er jetzt dringend braucht, aber nicht hatte. Dadurch hat er anderen Menschen Schaden zugefügt und Schuld auf sich geladen. Jetzt bekommt er von Gott diese Gefühle als Weg aus seiner Schuld. Nur dadurch kann er lernen, diese Gefühle zu nutzen und von dem Karma befreit zu werden. Das ist zur Zeit noch nicht für alle verständlich, aber wer sich intensiv mit den Formen der Seelenreinigung beschäftigt hat, wie sie der Autor im ersten Band beschrieben hat, der kann auch verstehen, warum Gott diese Form gewählt hat, um diesen Menschen wieder an Gott heran zu führen. Wir wollen auch das an einem Beispiel erklären.

Ein Mensch hat in einem früheren Leben viele Vögel vernichtet, aber sich nie vor Gott dafür entschuldigt. Das kann Gott nicht ungeschehen machen, denn das würde bedeuten, dass er auch noch dafür mit einem vollkommen glücklichen Leben belohnt würde. Ihm fehlte es an Liebe zu den Tieren und an Nächstenliebe. Welches Gefühl hat er also vernachlässigt? Das ist das Gefühl der Reue. Dieses Gefühl hat er aber von Gott bekommen, als er gezeugt wurde. Er hat sich damit sehr undankbar gegenüber Gott erwiesen. Jetzt in seinem neuen Leben ist es seine Aufgabe, Reue zu erlernen. Das geht aber nicht so einfach mit einem kleinen Test, sondern mit schweren Prüfungen, die ihn lehren, dass das Bereuen eines der wertvollsten Gefühle ist, das dem Menschen von Gott geschenkt wurde.

Welche Prüfungen können das sein? Das könnte zum Beispiel die Übertragung einer Aufgabe in der Tierpflege sein. Dort muss er lernen, dass die Tiere als Kinder Gottes geachtet werden müssen. Oder er bekommt eine Aufgabe in der Kinderpflege oder sogar als Arzt. Gott wird für jeden die richtige Form zur Bewährung finden. Das ist das Spiel des Lebens, das die Menschen aus der Unreinheit in die Reinheit führt. Es könnten jetzt noch viele Beispiele angeführt werden, die aber das Prinzip der Reinigung nur weiter illustrieren würden. Es kann sich aber jetzt jeder Gedanken machen, warum er gerade diese Aufgabe in seinem jetzigen Leben ausführt und welche Gefühle er dabei erlernen soll, oder vielleicht schon begriffen hat, was Gott von ihm verlangt hat.

Aber jetzt tauchen gewiss viele Fragen auf, die sich vor allem auf diejenigen beziehen, die in diesem Leben Böses tun. Sollten diese Menschen etwa Gefühle des Hasses, der Gier oder der Rache erlernen? Das kann doch Gott nicht gewollt haben. Das ist auch nicht so. Diese Menschen haben von Gott ebenso alle guten Gefühle geschenkt bekommen. Sie haben sich in diesem Leben mit den Kräften der Finsternis so verbündet, dass sie sich auf die Seite der Mächte der Finsternis geschlagen haben und sich nun aus deren Klauen aus eigener Kraft nicht mehr befreien können. Diese laden schwere Schuld auf sich, die sie in einem weiteren Leben abarbeiten müssen.

Wir sehen also, dass Gott alles so lenkt, dass sich alle Menschen über mehrere Leben zu reinen Gefühlen bekennen müssen.

Die Gefühle als die erste Reaktion auf die Wirklichkeit

Die Gefühle entstehen, wenn sich der Mensch mit einer Aufgabe auseinandersetzt. Das geschieht ganz von selbst, weil es nichts gibt, was nicht von Gefühlen begleitet wird. Erst über das Gefühl wird der Mensch angeregt, diese Aufgabe zu erledigen. Das mag jetzt etwas irritieren, aber es ist so. Auf die Wirklichkeit reagieren alle Menschen unterschiedlich, weil sie unterschiedliche Bedürfnisse haben. Wenn die Bedürfnisse alle gleich wären, wäre das Leben sehr langweilig. Aber jeder Mensch hat andere Interessen, und deshalb ist es auch verständlich, dass die Gefühle unterschiedlich sind.

Wir werden jetzt verschiedene Situationen durchspielen, um diese Wirkungsmechanismen erkennen zu können.

Da ist ein Mensch, der beabsichtigt, ein neues Auto zu kaufen.

Aber er ist noch sehr unschlüssig, welches Modell es sein soll. Die unterschiedlichsten Ansprüche müssen koordiniert werden. Er ist in seinen Gefühlen hin und her gerissen. Das macht eine Entscheidung sehr schwer. Was geht jetzt in ihm vor? Zuerst wird der Preis eine Rolle spielen, dann die Funktion und schließlich die Farbe und die Form. Auch die Wünsche seiner Frau müssen berücksichtigt werden, denn wer streitet sich gerne mit seiner Frau, wenn diese immer in einem Auto fahren soll, das ihr nicht gefällt. Also gehen sie beide zusammen, damit die Konflikte nicht ausbrechen. Was nun dabei herauskommt, ist jetzt weiter uninteressant. Wichtig ist, dass die Gefühle die entscheidende Barriere für eine Entscheidung darstellen. Auch dann ist der Kampf noch nicht ausgestanden, wenn eine Entscheidung getroffen wurde. Die Gefühle bleiben unverändert und schlagen um in Zweifel, ob auch alles richtig entschieden wurde. Die Frage bleibt also nach wie vor offen, auch wenn das neue Auto bereits in der Garage steht. Die Menschen aber wollen inneren Frieden mit ihrer Seele schließen, indem sie sich schließlich mit dem zufrieden geben, was sie gekauft haben, und sagen letztendlich, dass sie glücklich mit dem neuen Auto sind. Die Gefühle, die alle der Entscheidung entgegenstanden, verblassen und werden verdrängt.

Wir erkennen weiterhin, dass alles, was wir tun, von einer Wolke von Gefühlen eingehüllt ist, und es uns nicht immer leicht fällt, treffsichere Entscheidungen zu fällen, die auch in der Zukunft noch Bestand haben.

Wir wollen noch ein weiteres Beispiel anführen. Da ist eine Frau, die sich in einen Mann verguckt hat. Sie ist so verliebt, dass sie links und rechts gar nichts mehr bemerkt. Das bemerken natürlich auch die anderen Menschen um sie herum. Aber sie stört das nicht. Ihre Gefühle sind heiß und brennend. Sie hat nur ein Ziel: Diesen Mann muss ich haben. Jetzt folgt die Ernüchterung. Dieser Mann ist schon vergeben. Was folgt jetzt? Dieses Mädchen ist total am Boden zerstört und möchte sich am liebsten auf den Grund des tiefsten Sees wünschen. Die Gefühle haben sich total umgekehrt. Aus Liebe wurde Verzweiflung, vielleicht sogar Hass. Aber wer ist jetzt schuld? Der junge Mann wusste gar nichts von ihrer Verliebtheit. Also scheidet er schon aus. Schuld allein ist das Mädchen selbst. Sie hat ihre Gefühle nicht beherrschen können und nicht an der Realität überprüft. Das kann dann zu diesen Enttäuschungen führen. Auch die anderen, die ihre Verliebtheit bemerkten, haben daran keinen Anteil. So ist das Leben für dieses Mädchen leider mit einer schweren Enttäuschung einhergegangen. Viele ähnliche Beispiele lassen sich anfügen.

Auch das folgende Beispiel ist typisch. Eine vielbewunderte Künstlerin kommt in die Jahre und begreift nicht, dass ihr Stern am Sinken ist. Sie glaubt immer noch, dass sie bei jedem Auftritt mit Ovationen überschüttet werden müsste. Doch eines Tages ertönen Pfiffe und Buhrufe. Das ist für die Schauspielerin eine menschliche Katastrophe. Sie zieht sich in die Einsamkeit zurück und beklagt die Ungerechtigkeit der Fans. Das ist aber ein ganz normaler Vorgang des Kommens und Gehens überall auf dieser Erde. Das Problem liegt auch hier in der Anerkennung der Realität.

Das sehen wir also an allen Beispielen. Die Gefühle werden dabei überbetont und führen zu einem Wunschdenken. Dieses Wunschdenken vernebelt den Verstand und führt zu falschen Bewertungen der Realität. Die Realität hat daran keine Schuld. Auch die Gefühle sind daran schuldlos, denn sie sind nicht an die Realität gebunden, sondern an den Geist. Der Geist gibt den Gefühlen falsche Impulse und lebt dadurch in einer Scheinwelt, aus der es nur ein bitteres Erwachen geben kann. Die Gefühle brauchen wir aber, um uns in der Außenwelt zu recht zu finden. Das müssen wir lernen, denn nicht jeder weiß von sich genau, wie er in einer bestimmten Situation gefühlsmäßig reagiert. Das sind die Erfahrungen, die jeder machen muss und die sein Leben prägen.

Aber nicht alle Gefühle sind mit der Realität verbunden. Große Gefühle, wie die Liebe und der Hass, sind oft an Ereignisse gebunden, die nicht mehr mit an das Ursprungsereignis gekoppelt sind, sondern sich als Ausdruck einer Haltung fest in das Bewusstsein eingegraben haben. Diese Gefühle sitzen sehr tief und beeinflussen das Leben in allen Situationen. Auch hier wollen wir ein Beispiel anführen.

In einer Familie leben mehrere Angehörige. Sie vertrauen einander und lieben sich sehr. Bis auf eine Frage ist alles geklärt. Das ist die Frage der Erbschaft. Jeder hofft, dass er der Erbe wird. Das Thema wird aber tot geschwiegen und nur hinter dem Rücken diskutiert. Alle machen eine gute Miene zum bösen Spiel. Als dann der Erbfall eintritt, brechen die Konflikte offen aus. Einer beschuldigt den anderen, den Erblasser weniger geliebt zu haben. Das ist ein schwerer Vorwurf, den keiner auf sich sitzen lassen will. Einer der Erben versucht jetzt, die Angelegenheit mit dem Messer zu lösen. Er ersticht seinen Bruder und verjagt die anderen Miterben, so dass der Hass nun alle durchdringt. Der andere Bruder greift ebenfalls zur Waffe und erschießt den Mörder seines Bruders. Dabei verletzt er auch noch dessen Frau. Das ist ein wahres Gemetzel um das Erbe ihres Vaters. Die Polizei verhaftet den Mörder und beschlagnahmt den ganzen

Besitz. Das ist das Ende des Erbstreites. Das ist nun nicht typisch für alle Erbfälle, sondern eine Zuspitzung, die zeigen soll, wie tief der Hass sitzen kann, wenn es um materielle Dinge geht. Die Gefühle, die dabei angesprochen werden, sind den Menschen ebenfalls bei der Zeugung von Gott mitgegeben worden. Diese Gefühle gehören zu den Kräften der Finsternis und sollen den Menschen bewegen, Böses zu tun, damit er sich von Gott trennt. Das ist ein kompliziertes Spiel, das Gott hier in die Seele integriert hat. Musste das sein? Konnte Gott darauf nicht verzichten? Dadurch könnte doch viel Unheil verhindert werden. Das ist schon richtig. Aber wie sonst könnte der Mensch denn dann das Gute von dem Bösen unterscheiden, wenn er diese Gefühle nicht besäße? Auf diese Frage müssen die Menschen über ihren freien Willen entscheiden. Gott gibt dem Menschen den freien Willen, damit er auf diese Gefühle achtet und sie eben nicht zum Ausbruch kommen lässt. Erst dadurch wird der Mensch willentlich stark und beginnt, das Wüten der finsteren Kräfte um sich und in sich zu verhindern. Die Menschen erleben ständig diesen inneren Kampf des Tuns und Lassens. Und nur dadurch lernt sich der Mensch am besten selbst kennen.

Die Menschen aber meinen, dass sich die Gefühle nicht auf die Wirklichkeit beziehen lassen, dass sich die Gefühle aus sich selbst ergeben oder überhaupt keine materielle Basis hätten. Das ist falsch. Zuerst hat der Mensch ein Bedürfnis. Dieses Bedürfnis wird erzeugt aus dem materiellen Zwang, etwas verändern zu müssen, was seine weitere Existenz sichert. Diese Notwendigkeit, etwas verändern zu müssen, lässt ihn nicht mehr los und erzeugt jetzt eine emotionale Erregung, die zuerst nicht konkret fassbar ist, aber immer klarer in ein Gefühl mündet. Dieses Gefühl bohrt solange im Menschen, bis sich daraus ein Gedanke entwickelt, wie das Bedürfnis verwirklicht werden kann. Jetzt kommt die typisch menschliche, schöpferische Seite des menschlichen Wesens zur Entfaltung, etwas, was kein anderes Wesen auf der Erde besitzt: Die Veränderung seiner Lebensgrundlagen. Diese Fähigkeit hat Gott den Menschen geschenkt, damit sie sich ein Leben in Glück und Wohlstand aufbauen können, aber diese Fähigkeit nicht zur Zerstörung ihrer Lebensgrundlagen missbrauchen.

Wir sehen also, dass Gott dieses ganze System wohl durchdacht hat. Die Menschen sollen ihre starken Gefühle der Liebe zu Gott und zur Erhaltung der Schöpfung immer weiter entwickeln, weil sie nur so in Glück und Frieden leben können.

Ich frage Gott: Wie erklärt Gott die Dialektik zwischen Materie und Geist. Als sogenannte Grundfrage der Philosophie unterscheiden sich Materialisten und Idealisten in der Bestimmung des Primats – Geist oder Materie. Wie Gott uns die Entstehung neuer Gedanken aus materiellen Bedürfnissen erklärt, wäre das reiner Materialismus.

Gott antwortet: *„Das ist keine Grundfrage der Philosophie, sondern die Grundfrage allen Seins. Am Anfang war das Wort. So habt ihr es richtig in der Bibel geschrieben. Das ist Gottes Geist, der über allem herrscht. Aus diesem Geist wurde alles geschaffen, alles Geistige und alles Materielle. In der polaren Welt, wie sie auch auf der Erde existiert, gibt es weder ein Primat des Geistes noch ein Primat der Materie, weil das eine aus dem anderen hervorgeht. Aus dem Geist heraus formt ihr eure materiellen Lebensbedingungen. Und aus den Lebensbedingungen entstehen neue Bedürfnisse, die über Emotionen, Gefühle und Gedanken zu einer weiteren Veränderung der materiellen Lebensbedingungen führen. Das müsst ihr begreifen als den entscheidenden Unterschied zwischen der Geistigen Welt Gottes und eurem polaren Sein."*

Das heißt also, dass der Satz „Der Geist bestimmt die Materie" für die Geistige Welt Gottes die ganze Wahrheit ist und für das polare Sein der Erde nur die halbe Wahrheit? Gott: *„So ist es richtig."*

Ich fragte Gott, wie Gott die menschliche Würde definiert? *„Die Würde ist der Selbstschutz des Menschen. Damit verhindert der Mensch das Eindringen von dominanten Menschen in seine Persönlichkeit. Zur Würde des Menschen gehören die Eigenliebe, die Tugend, das Schamgefühl, die Sicherheit und das Liebesleben."*

Die Gefühle als Bindung an Gott

Die Gefühle werden von Gott geschenkt. Das wissen wir jetzt. Aber jetzt müssen wir noch etwas tiefer gehen, weil dieser Satz noch nicht die gesamte Wahrheit zum Ausdruck bringt. Die Menschen zerkleinern ihre Gefühle in viele einzelne Abschnitte. Das merken sie gar nicht, weil sie anders denken. Das geschieht auch sehr schnell und fast unbemerkt. Warum ist das so? Weil ein Gefühl immer ein Prozess ist, der einen Anfang und ein Ende hat. Zuerst wird das Gefühl aus einer Reihe von Emotionen heraus erzeugt. Emotionen sind wie kleine Lichtpunkte, die hier und da aufflackern und den Geist auf die Varianten des Fühlens aufmerksam machen. Das muss so sein, weil sich ein Gefühl aus einer ganzen

Reihe von kleinen Teilchen von Emotionen zusammensetzt. Erst allmählich sucht der Geist die passenden Emotionen heraus und formiert sie zu einem Gefühl, das der Situation entspricht, die das Handeln des Menschen beeinflussen soll. Oft werden auch falsche Emotionen mit eingegliedert. Dann entsteht der Zweifel. Das ist das schädlichste Gefühl, das ein Mensch haben kann, weil es ihn handlungsunfähig macht. Wir müssen den Zweifel aus den Emotionen ausgrenzen, weil der Zweifel den Menschen auch daran hindert, zu Gott zu finden. Dabei geht es nicht um einen gesunden Zweifel, den jeder Mensch ebenfalls von Gott als Gefühl geschenkt bekommt. Dieser Zweifel ist ein Schutz vor Verführern. Das müsst ihr wissen. Nun fragen wir uns natürlich, wie wir den gesunden Zweifel von dem falschen Zweifel unterscheiden können. Das ist nicht so einfach und bedarf viel Erfahrung, die der Mensch im Laufe seines Lebens sammeln muss. Wir wollen das an einem Beispiel erläutern.

Wenn wir uns mit einer neuen Lehre auseinander setzen müssen, dann müssen wir zuerst prüfen, ob das, was mir da vorgesetzt wird, in meinen Lebensplan passt. Das ist noch relativ einfach, weil ich sofort intuitiv spüre, ob mich das begeistert oder nicht. Aber kompliziert wird es, wenn das alles so verworren ist, dass mich das überfordert. Ich muss also in mich gehen und meine Gefühle ordnen, die mir jetzt ein guter Ratgeber sein können. Über die unterschiedlichsten Emotionen gelange ich zu einem Gefühl der Zustimmung oder Ablehnung. Das ist nun wieder nicht der entscheidende Punkt. Entscheidend ist meine Überzeugung, die ich nur gewinnen kann, wenn ich die neue Lehre an ihren Wirkungen messen kann. Und daraus erwächst dann das richtige Gefühl der Zustimmung oder Ablehnung. Diese Wirkungen muss ich nicht selbst erlebt haben. Auch an anderen Beispielen lässt sich der Erfolg oder Misserfolg messen.

Die Gefühle sind dabei der entscheidende Faktor. Erst wenn alle Teile an Emotionen des Zweifels ausgeräumt wurden, wird der Geist die neue Lehre akzeptieren.

Das Beispiel zeigt, dass alle Teile eines Gefühls stimmen müssen, bevor es zur Zustimmung des Geistes kommt. Wir sehen also, dass es schließlich der Geist ist, der die Zustimmung zu einem Gefühl gibt. Das Gefühl allein kann keine Handlung auslösen, weil das zu einem wahren Chaos führen würde. Es gibt solche Situationen, wo sofort dem ersten Gefühl gefolgt wird. Aber das sind die Ausnahmen. Eine kluge Entscheidung verarbeitet alle Gefühle, bevor es zur bleibenden Verwirklichung kommt. Die Menschen haben auch viele Begriffe für die verschiedenen Verhaltensweisen geschaffen. Z.B. sagen sie „Ich habe aus dem Bauch heraus entschieden" und meinen damit, dass sie den Geist ausgeklammert haben. Oder sie sagen „Was ich nicht weiß, macht mich nicht heiß". Das heißt, dass ich etwas ignoriere, um keine Gefühle entwickeln zu müssen. Andere wiederum sagen, dass „ihr Herz gesprochen hätte" und meinen damit, dass ihr Geist wahrscheinlich ganz anders entschieden hätte. Auch gibt es diese Redewendung, dass sich wahre Gefühle hinter einer harten Schale verstecken. Das soll ausdrücken, dass jeder wahre Gefühle hat, auch wenn das nach außen nicht sichtbar wird.

Die Menschen drücken damit die Kompliziertheit des Kampfes zwischen Herz und Verstand, zwischen Geist und ihrem Fühlen aus. Das ist von Gott auch so gewollt. Das zwingt die Menschen, ihre Gefühle beherrschen zu lernen und jede spontane Entscheidung zu vermeiden.

Wie hilft nun Gott in dieser entscheidenden Frage? Wir sprechen deshalb von Führung, in die sich der Mensch begeben soll. Gott sieht alles. Gott erkennt, wie jeder Mensch um die richtige Entscheidung ringt. Und Gott will, dass jeder Mensch eine Entscheidung trifft, die nicht nur für ihn, sondern für alle Menschen gut ist. Deshalb ist es notwendig, dass sich alle Menschen wieder eng mit Gott verbinden und ihre Gefühle von Gott lenken lassen. Das kann jeder Mensch tun, indem er das Gebet Gottes in sich aufnimmt und danach handelt. Dann erkennt Gott, dass sich der Mensch in die göttliche Führung begeben möchte, und Gott führt ihn dann auch durch das Labyrinth der Entscheidungen und Gefühle.

Das solltet ihr wissen, wenn ihr euch in eurem täglichen Kampf um das richtige Handeln bemüht.

Am 10. Juni 2013 hatte ich das Kapitel über die Gefühle abgeschlossen. Am späten Morgen meldete sich Asriel, ein Helfer Gottes. Asriel meldet sich immer, wenn Gott mir etwas zum Buch sagen möchte. Ich bezeichne ihn deshalb schon alles Gottes Sekretär. Er sagte mir, dass ich ein neues „Buch" zu folgendem Thema schreiben soll:

Das menschliche Gehirn – ein Geschenk Gottes

Das menschliche Gehirn ist ein Geschenk Gottes. Das zu begreifen fällt sicher allen Menschen schwer. Denn alle glauben, dass das Gehirn eine Entwicklung aus dem Tierreich sei, das vor allem Wesen besitzen, die denken können. Das ist nur zum Teil richtig. Das Gehirn des Menschen hat eine Entwicklung genommen, die sich von der Entwicklung aller anderen Wesen grundsätzlich unterscheidet. Auch andere Wesen haben ein Gehirn, das sehr hoch entwickelt ist und das

Tätigkeiten erlaubt, die denen der Menschen weit überlegen sind. Der Unterschied besteht allein in der Aufgabe, die die einzelnen Wesen zu verrichten haben. Und das Gehirn baut auf diesen Tätigkeiten Verbindungen auf zu anderen Wesen, die Kommunikation und Verhaltensweisen ermöglichen, die deren Überleben sichern. Das alles haben die Wesen gemeinsam.

Der Mensch hat von Gott eine zusätzliche Aufgabe bekommen, die darin besteht, dass er seine Lebensbedingungen nicht nur reproduziert, sondern bewusst verändert. Das kann nur der Mensch. Auch wenn er nicht alles kann, was zum Beispiel Tiere vermögen, so können die Tiere doch immer nur das tun, was ihre Art erhält. Deshalb ist bei ihnen der Instinkt besser ausgeprägt als beim Menschen. Der Mensch hat diesen Instinkt in dieser Form noch nie besessen, auch wenn viele meinen, der Mensch hätte diesen Instinkt im Laufe der Entwicklung verloren. Der Mensch kann instinktiv handeln, wenn es um seinen Schutz geht, aber er hat zum Beispiel kein Gespür für Erdstrahlen und seismische Wellen, die den Tieren zur Orientierung dienen. Der Mensch braucht das alles nicht, da er andere Mechanismen zu seiner Orientierung besitzt. Auf die Aufgaben des menschlichen Gehirns kommen wir jetzt zu sprechen.

Die Aufgaben des menschlichen Gehirns

Das Gehirn des Menschen ist ein Multifunktionsorgan. In ihm ist alles auf engstem Raum konzentriert und verdichtet, so dass sein Platzbedarf sehr gering ist. Das macht es aber auch sehr störanfällig. Deshalb ist es mehrfach geschützt. Einmal durch den harten Schädel und zum anderen durch eine Gehirnflüssigkeit, in der das Gehirn schwimmt. Werden beide verletzt, besteht akute Lebensgefahr. Deshalb laufen alle Versorgungsleitungen über das Rückenmark in einem engen Kanal, der von Knochen umgeben ist. Auch die Bewegungsabläufe werden durch das Gehirn gesteuert, die in der linken Gehirnhälfte sitzen. Das wirklich Wichtige des menschlichen Gehirns ist das Denken. Hier werden die Gedanken produziert, die den Menschen befähigen, seine Umwelt zu verändern. Diese Aufgabe hat Gott nur dem Menschen ermöglicht, weil er ihn dazu auserkoren hat, wirkliche Veränderungen seiner Lebensumstände zu erreichen. Auch die Veränderung seines eigenen Wesens ist darin eingeschlossen. Auf diese Spezifik hat Gott die Menschen vorbereitet, damit sie ihr eigenes Handeln bewusst steuern können.

Diese Spezifik wollen wir uns etwas genauer ansehen. Alles, was in unserem Körper geschieht, wird von unserem Gehirn aus gesteuert. Das ist wirklich ausnahmslos alles. Wer das anders sieht und meint, dass Gott doch derjenige wäre, der alles lenkt und steuert, dem muss Gott sagen, dass in Bezug auf den Körper Gott das dem Gehirn überlässt.

Warum ist das so? Weil der Geist des Menschen für den Körper der Souverän ist und Gott sich in dessen Belange nicht einmischt. Wenn es so wäre, dann könnte der Mensch Gott auch für jede Krankheit verantwortlich machen. Aber wir wissen bereits, dass das so nicht ist. Das Gehirn ist zuständig für alle geistigen Veranlassungen und steuert durch ein perfektes Informationssystem alle Prozesse im Körper in einer unvorstellbaren Geschwindigkeit, so dass der Körper sich nahezu zeitgleich so verhalten kann, wie der Geist das will. Das ist von Gott so eingerichtet, damit sich der Mensch auch den Anforderungen Gottes an seine Mission bewusst werden kann. In diesem Wechselspiel zwischen Körper, Geist und Seele hat Gott das Sagen, aber in Bezug auf den Körper der menschliche Geist. Das ist zur Abgrenzung der Aufgaben erst einmal wichtig zu wissen.

Nun werden wir uns den speziellen Aufgaben des Gehirns zuwenden.

Da ist zuerst die Aufgabe, die verschiedenen Körperorgane zu koordinieren. Das geschieht über die Stimulierung der Körperdrüsen durch die richtige Ausschüttung der Hormone, die nach einem zeitlich festgelegten Plan immer punktgenau erfolgt, so dass es keine Störungen im körperlichen Ablauf gibt. Diese Prozesse laufen ohne Mitwirkung des Geistes ab. Der würde das ganze System mit seinen sporadischen Entscheidungen nur durcheinander bringen. Seine Eingriffe durch Alkohol, Drogen und schlechte Ernährungsgewohnheiten sind schon Grund genug, ihn dabei nicht mitwirken zu lassen. Deshalb sollten die Menschen auch auf diese vielen Störfaktoren verzichten.

Auch die Koordinierung des Bewegungsapparates ist Aufgabe des Gehirns. Das vollzieht sich über die vielen Nervenbahnen im Körper. Dabei spielt jetzt wiederum der Geist die aktive Rolle, weil er die Aufgaben verteilt, welcher Teil des Körpers sich in welcher speziellen Situation wie zu bewegen hat. Das ist auch wichtig für das Abwehrverhalten bei Gefahren. Das ist eine rein menschliche Aufgabe und wird von Gott nicht beeinflusst. Etwas anderes ist die göttliche

Führung. Wenn der Mensch sich an Gott mit der Bitte um Führung wendet, dann wird auch Gott eingreifen, wie der Wunsch verwirklicht werden kann. Aber das ist dann kein körperliches Problem, sondern ein rein geistiges. Der Körper reagiert dabei auch weiter auf die Befehle des Geistes, aber die Veranlassung dazu erfolgt durch Gottes Wirken.

Eine weitere Aufgabe des Gehirns ist es, die Verbindung zu allen Zellen herzustellen. Dadurch kann der Geist alle Schmerzsignale registrieren, die von den einzelnen Zellen an den Geist gemeldet werden. Das ist das wichtigste Instrument für den Nachweis, ob der Mensch gesund oder krank ist. Es gibt dabei auch Ausnahmen, die für den Körper schlimme Folgen haben. Dazu gehört zum Beispiel der Krebs, aber auch andere der von euch bezeichneten sogenannten Volkskrankheiten. Die Ausgangssituation ist immer eine Veränderung der Informationsstruktur der Zellen. Diese Veränderungen bewirken vorerst keine Information an den Geist, dass die Zelle geschädigt ist, wie zum Beispiel bei einer Schnittwunde oder einem Stoß. Erst wenn die Krebszelle, oft nach Jahren, Nervenzellen angreift, dann wird das als ein Schmerzimpuls weiter gegeben. Aber dann ist es oft bereits zu spät, um mit medizinischen Maßnahmen helfen zu können. Ihr habt bereits eine hohe Kunst entwickelt, das

Geheimnis dieser tückischen Krankheit zu entschlüsseln. Aber weil ihr die Ursachen dieser Krankheiten ignoriert, die seelischen, werdet ihr nie alle Ursachen aufdecken können. Der Krebs ist vor allem ein Ergebnis der falschen Ernährung und der traumatischen Schocksituationen. Und so lange ihr die Liebe zu Gott und seinen Kindern nicht wiederfindet und die Liebe untereinander nicht pflegt, wählt ihr euch selbst den Krebs als Todesart aus. Wenn ihr Gott dafür verantwortlich machen wollt, dann zeigt ihr nur eure fehlende Bereitschaft, zur Vernunft zu kommen. Das musste Gott euch einmal in aller Deutlichkeit sagen.

Auch die Koordination der vielen direkten Verbindungen zwischen den Zellen ist eine Aufgabe des Gehirns. Die Zellen senden ständig Signale an das Gehirn. Das ist bei den vielen Milliarden Zellen eine große Leistung, ständig alles zu erfassen, was in den einzelnen Zellen geschieht. Jede Unregelmäßigkeit wird erfasst, auch die kleinste Warnung an den Geist, um sofort reagieren zu können. Das ist von Gott so perfekt eingerichtet, dass es von euch technisch nicht nachgebaut werden kann, auch wenn ihr in der Mikrotechnik schon sehr weit fortgeschritten seid. Das Verhältnis eurer Speichermöglichkeiten zu dem Speichervolumen des Gehirns beträgt 1: 1.000.000 und das Verhältnis der

Informationsgeschwindigkeit beträgt 1: 2.000.000. Das ist Gottes technisches Vermögen. Auch wenn ihr weitere Fortschritte machen werdet, was euch Gott auch wünscht, dieses Ergebnis wird für euch unerreichbar bleiben. Eine Zelle im Gehirn ist ein winziger Teil des Körpers, aber jede dieser Zellen hat ein Speichervolumen von vielen eurer Hochleistungsspeicher.

Die Menschen haben bisher nur einen Bruchteil davon genutzt, weil eure Lernmethoden diesem Volumen gar nicht angepasst sind. Wenn es euch gelänge, mit anderen Methoden der Wissensvermittlung auszubilden, dann wäre jeder Mensch in kurzer Zeit auf dem Stand des Wissens von vielen Professoren. Eine dieser Methoden ist die Übertragung der Wissensinhalte durch Telepathie. Dazu muss die Gehirnforschung die Grundlagen schaffen. Die Übertragung der Wissensinhalte erfolgt vor allem im Schlaf, da dann der unendliche Speicher des Unterbewusstseins genutzt werden kann und der endliche Speicher des Tagesbewusstseins für die schöpferische Anwendung dieses Wissens frei wird. Das geht vor allem so: Der Schüler bekommt einen Chip unter die Haut implantiert. Auf diesem Chip sind die Lerninhalte eines gesamten Lehrbuches gespeichert. Der Schüler aktiviert am Abend vor dem Einschlafen diesen Chip und bekommt in Form von elektrischen Impulsen die Frequenzen der Lerninhalte übertragen. Das belastet den Schlaf in keiner Weise, weil das Unterbewusstsein nie schläft. Wenn der Schüler erwacht, hat er alles Wissen auf diesem Chip gespeichert und muss jetzt über die praktische Umsetzung das umfangreiche Wissen anwenden.

Das ist eine Methode. Eine andere ist die mentale Therapie. Dabei wird der Schüler durch einen geschulten Therapeuten in eine Art Tiefschlaf versetzt. Dann werden die Lerninhalte in Form von komprimierten elektrischen Impulsen in sein Unterbewusstsein gespielt und durch Wiederholungen gefestigt. Das dauert etwas länger und ist auch personell aufwendiger. Aber wir sehen, dass es diese Methoden gibt, die auf anderen Planeten bereits erfolgreich angewendet werden.

Auf der Erde setzt das natürlich voraus, dass die Mächte der Finsternis entmachtet worden sind, da sie jeden technischen Fortschritt zuerst zur Kriegsführung und zur Verführung der Menschen nutzen werden. Wenn ihr eure Gehirnleistung vergrößern wollt, dann schafft zuerst die gesellschaftlichen Bedingungen für ihre friedliche Nutzung.

Das Gehirn – ein vollständiges Kunstwerk der Schöpfung

Das ist wirklich ein Kunstwerk, das ihr da auf euren Schultern tragt. Jede einzelne Zelle ist ein solches Kunstwerk und gleichzeitig ein Unikat. Kein Künstler ist in der Lage das nachzubauen und in Funktion zu setzen. Das kann nur Gott.

Aber warum ist es ein Kunstwerk? Schauen wir uns die einzelnen Teile einmal an. Zuerst finden wir zwei Hälften, die nahezu identisch aussehen. Aber sie sind es nicht. Jede Hälfte hat andere Aufgaben. Die linke steuert die rechte Körperhälfte und die rechte die linke Körperhälfte. Damit ist ein Gleichgewicht geschaffen worden, das verhindert, dass der Mensch umfällt. Wie könnte denn der Mensch umfallen, wenn es anders wäre? Dann wäre die Seite immer die ausschlaggebende, die am meisten mit Blut versorgt wird. Und das ist die linke. Und diese könnte das Gleichgewicht nicht halten. Das kennt ihr von einem Betrunkenen, bei dem der Alkohol das Gehirn durchfließt. Da in der linken Hälfte mehr Blut ist, wirkt der Alkohol dort stärker und der Betrunkene bekommt Schlagseite, wie ihr sagt.

Auch die Funktionen sind unterschiedlich verteilt. Die rechte Hälfte steuert die Bewegung und die linke Hälfte die Sensibilität der Menschen. Dadurch ist auch hier ein erheben und nicht sofort gerade stehen können, dann hat sich die Zirbeldrüse noch nicht auf die veränderte Situation eingestellt.

Wie reguliert die Zirbeldrüse das Gleichgewicht? Das geschieht durch Millionen von Eisenkristallen, die sich am Magnetfeld der Erde orientieren. Diese Kristalle haben sich aus den vielen Verbindungen des Körpers gebildet, als das Kind noch im Körper der Mutter war.

Auch die Großhirnrinde hat vielfältige Aufgaben. Vor allem steuert sie die vielen Bereiche der individuellen Besonderheiten des Menschen, das Talent, die Auffassungsgabe, das Sprechtempo und auch die Stimme. Die Großhirnrinde nimmt auch die Prägungen vor, die durch die Erziehung bewirkt werden. Dadurch gleichen sich oft die Kinder in ihren Gewohnheiten den Eltern an. Auch werden in der Großhirnrinde die einzelnen Körperteile gespeichert. Deshalb verlieren manche Menschen die Beweglichkeit, wenn diese ausfallen, weil sie nicht mehr durchblutet werden. Ihr nennt das Schlaganfall, weil das sehr plötzlich auftreten kann.

Die genaue Zahl der Funktionen des Gehirns ist nicht zu ermitteln, weil es ein äußerst anpassungsfähiges Organ ist.

Das ist auch so gewollt. Deshalb solltet ihr euer Gehirn mit immer neuen Dingen beschäftigen. Geschieht das nicht, dann werden ganz schnell Zellen abgebaut, weil sie nicht mehr gebraucht werden. Auch spielt hier die Ernährung wieder eine entscheidende Rolle. Wer sich falsch ernährt, führt dem Gehirn auch die falschen Stoffe zu. Das Gehirn verkalkt und leidet unter Sauerstoffmangel. Das führt zum Ausfall des Erinnerungsvermögens und zur Lebensuntüchtigkeit. Die Menschen werden zwar älter, weil die Gesundheitsvorsorge verbessert wurde, aber nicht gesünder. Es ist sogar so, dass sich die Spanne zwischen der Alterung und der aktiven Zeit immer mehr vergrößert und weiter vergrößern wird, wenn sich die Menschen weiterhin so körperfeindlich verhalten. Gott kann das nicht verhindern, weil das dem freien Willen des Menschen unterliegt.

Das Gehirn als Verbindung zur Seele

Das ist die wichtigste Verbindung des Menschen, weil jetzt der Geist in seiner Eigenschaft als Verbindungsebene zu Gott angesprochen wird. Das hat eine große Bedeutung für seine gesamte geistige Bindung an das Universum. Die Seele, die alles weiß und alles registriert, ist auch der Verbinder zu allem Göttlichen. Sie beobachtet genau, was der Geist in sich aufnimmt, und gibt es weiter an Gott. Gott registriert das, aber Gott tut nichts, auch wenn der Geist sich in etwas verrennt, was dem Körper schadet. Das aber belastet die Seele, die das alles sammeln muss, vor allem, wenn es Dinge sind, die karmische Wirkungen haben.

Wir wollen das an einem Beispiel erläutern. Ein Mensch ist mit seinem Auto in ein richtiges Verkehrschaos geraten. Er hat aber wichtige Termine zu erledigen. Nun kann er nicht vor und zurück. In dieser Situation Ruhe zu bewahren, fällt allen Menschen nicht leicht. Aber bei ihm löste das ein wahres Feuerwerk an Flüchen aus. Aber wie wir wissen, bewegen diese Flüche keine Autos. Der einzige, der sich jetzt in ein wahres Gefühlschaos stürzt, ist unser Mann. Er rennt hin und her, beschimpft Gott und alle Welt und will alles verändern, die Straßenverkehrsordnung, die Verkehrswege und die Politik natürlich. Das bringt ihn aber auch nicht vorwärts. Da löst sich der Stau auf und der Verkehr rollt wieder. Seine Gefühle schwenken urplötzlich um 180° um. Er lacht und freut sich und erreicht sogar alle seine Kunden zum Termin. Was aber bleibt zurück? Das Fluchen und Beschimpfen unschuldiger Menschen. Das kann er nicht ungeschehen machen, auch wenn er jetzt ganz anders denkt. Die Seele hat das registriert und Gott demzufolge auch. Wenn er jetzt in sich geht und erkennt, dass er auf diese Situation völlig überzogen reagiert hat, dazu noch die Menschen um Verzeihung bittet, die er in seiner Wut beschimpft hat, dann ist diese Schuld getilgt. Aber erfolgt diese Erkenntnis nicht, dann bleibt dieses Vergehen an der Seele hängen. Erfolgt aber in diesem Leben überhaupt keine Entschuldigung mehr oder kommt es sogar zu einer Wiederholung dieser Ausbrüche, dann nimmt das die Seele mit ins Jenseits zur Reinigung.

Wir sehen also, dass solche Kleinigkeiten die Seele belasten, weil der Geist es nicht gelernt hat, seine Gefühle zu kontrollieren. Das ist aber noch das kleinste Übel. Schlimmer wird es, wenn sich die Menschen gegenseitig umbringen oder Ursachen setzen, die in ihren Wirkungen den Tod von vielen Menschen bewirken. Dann kann die Seele das Maß an Schuld nicht bewältigen und kapituliert.

Wie sieht das aus, wenn die Seele kapituliert? Der Geist wird auf diese Situation mit vielen weiteren Angriffen der Kräfte der Finsternis rechnen müssen, da sie ein Opfer gefunden haben, das sie in das Reich der finsteren Kräfte bringen möchten. Die Seele kann das nicht aushalten und verliert die Kontrolle über den Geist. Das bewirkt, dass der Geist auch nicht mehr die Verbindung zum Körper über die Seele hat und der Körper wird krank. Dadurch kann jetzt auch der Geist nicht mehr frei agieren, weil der Körper den Geist zwing, sich ständig mit ihm zu beschäftigen. Das heißt, der kranke Körper verhindert, dass der Geist weiter in der Lage ist, Schlechtes zu tun. Die Seele ist dadurch entlastet, denn sie muss jetzt nichts mehr aufnehmen, was die Überlastung verstärken würde. Die weitere Verbindung zwischen Seele und Geist vollzieht sich dann so, dass der Körper aufhört, dem Geist zu gehorchen, und der Mensch stirbt.

Ist das verstanden worden? Wir wollen auch hier ein Beispiel anführen. Ein Mensch hat Menschen getötet, vorsätzlich und bei vollem Bewusstsein. Der Geist ist jetzt mit seinem Gewissen allein und muss damit fertig werden. Das ist etwas, was keinem Gewissen gelingt da heraus zu kommen. Im Unterbewusstsein ist das so tief traumatisierend eingekerbt, dass auch der kälteste und gefühlsärmste Mensch daran erinnert wird, wenn er etwas von Mord hört, liest oder sieht. Immer wieder läuft der Film des eigenen Verbrechens ab und lässt sich nicht anhalten, auch wenn er das will und sich abzulenken versucht. Der Mensch ist innerlich verzweifelt und beginnt, seine Sicht auf alle Dinge des Lebens zu ändern. Das ist aber keine Lösung, sondern nur ein Verdrängen. Der Mensch muss durch dieses Trauma hindurch. Die Seele registriert dieses Verhalten als endgültige Kapitulation vor dem Geschehen und zieht sich zurück, da sie randvoll ist mit karmischen Belastungen. Zwischen Körper und Geist beginnt deshalb jetzt eine Direktbeziehung. Aber der Körper kann nur so sein, wie der Geist es vorgibt. Und im Großhirn ist diese Schuld verankert, die diese Informationen dem Körper in die Zellen gibt. Der Körper programmiert diese Informationen als neues Verhaltensmuster ein und beginnt diese zu materialisieren. Das bedeutet, dass sich der Körper jetzt anders entwickelt als der göttliche Plan es vorsieht. Der Körper wird an irgendeiner schwachen Stelle krank. Jetzt beginnt aber der Körper den Geist ständig zu informieren, dass die göttliche Ordnung gestört ist und die eigentliche Funktion nicht mehr gewährleistet werden kann. Das erfolgt durch Schmerzsignale, die weder durch medizinische Maßnahmen noch durch geistiges Heilen beseitigt werden können, da sich der Geist der Heilung widersetzt.

Jetzt werden wahrscheinlich diejenigen ein Problem haben, die gelernt haben, dass es kein Unheilbar gibt. Das ist aber gar kein Widerspruch, denn der Geist kann auch bei diesem Menschen geheilt werden, wenn er bereut und um Verzeihung bittet. Das will Gott auch, denn dann kommt auch die Seele wieder als Vermittler ins Spiel, und Gott kann über die Seele die göttliche Heilfrequenz wieder über diesen Körper legen. Das bedeutet, dass der Mensch bereits in diesem Leben einen Teil seiner Schuld abgetragen hat, wenn er jetzt in seinem Verhalten gegenüber allen Menschen ehrliche Reue zeigt und Gott bittet, in Gottes Nähe kommen zu dürfen. Das bedeutet aber nicht, dass Gott die Schuld streicht, die dieser Mensch auf sich genommen hat. Aber die Wirkungen auf die Dauer seines Lebens werden gemildert. Denn Gott will, dass jeder Mensch solange auf der Erde lernen darf, wie es seine Lebensspanne vorgibt.

Bereut der Mensch aber nicht, dann wird der Körper irgendwann seine Funktion einstellen und sterben. Das ist dann die Konsequenz aus dieser Schuld.

Das sind jetzt zwei extreme Beispiele gewesen. Im normalen Leben ist die Vielzahl unendlich groß. Aber die Seele kann auch bei kleinen Vergehen nicht immer verhindern, dass es zu solchen Direktbeziehungen zwischen Geist und Körper kommt und der Körper dann die eingetretene Fehlentwicklung über die Seele an den Geist meldet in Form von Unwohlsein und Schmerzen. Das können auch längere Abläufe sein. Aber in diesen Fällen kann Gott mit den Helfern Gottes eingreifen, wenn diese Menschen Gott rufen und Gott um Heilung bitten.

Auf die entsprechende Zusatzfrage antwortet Gott, *„dass die karmische Aufgabe und auch alle früheren Leben im Unterbewusstsein abgelegt sind und das Bewusstsein darauf keinen Zugriff hat. Wenn der Geist aufhört zu existieren, holt die Seele diese Informationen aus dem Unterbewusstsein zurück und nimmt sie mit ins Jenseits."* Bedeutet das also, dass das Unterbewusstsein so eine Art Safe ist, in dem das alles für den Geist unzugänglich gelagert ist und nur die Seele dazu den Schlüssel hat? *„Das ist so ähnlich richtig."*

Das Gehirn und die Wandlungen des Geistes

Das Gehirn enthält alle Informationen, die der Mensch seit seiner Zeugung gesammelt hat. Das ist sehr viel, lastet aber bei weitem nicht das Speichervolumen des Gehirns aus. Das Gehirn kann nun auf verschiedene Weise darauf reagieren. Entweder schickt es Signale der Unterforderung aus oder es zieht sich zurück und deaktiviert einen Teil der Kapazität. Das letztere ist die Regel.

Das Gehirn ist also ein Organ, das auf die Anforderungen des Geistes reagiert. Es ist deshalb richtig, das Gehirn ständig mit neuen Aufgaben zu belasten. Wer das versäumt, bleibt zurück, und kann den Anforderungen des Lebens nicht genügen. Die Konsequenz daraus ist, dass nur wenige

Menschen ihr Gehirn in die richtige Auslastung bringen, die erforderlich ist, sich mit der Umwelt auseinander zu setzen. Auch beobachten wir, dass die Inhalte, mit denen das Gehirn belastet wird, immer unnützer werden, und nicht dazu angetan sind, sich mit der Realität auseinander zu setzen. Das macht lebensuntüchtig. Vor allem sind es die jungen Menschen, die die technischen Möglichkeiten vielmehr zum Spielen nutzen als zum Erkenntnisgewinn. Das Gehirn wird so einseitig belastet und verkümmert. Kaum eine Situation wird mehr richtig bewertet, weil die Erfahrungen fehlen, die dazu erforderlich sind. Das Gehirn will aber gefordert werden, und zwar in der gesamten Zeit des Wachseins, vor allem mit Denkaufgaben, die die Grenzen des bisherigen übersteigen. Diejenigen, die das erkannt haben, bleiben auch geistig jung und vergeuden nicht ihre wertvolle Lebenszeit mit Unsinn und Langeweile.

Gott möchte, dass das Geschenk Gottes ausgelastet wird, damit auch die Möglichkeiten des Lernens voll erkannt und in den Lebensprozess eingegliedert werden. Deshalb hat Gott den Menschen die Zeit geschenkt, aber nicht zum Verschlafen, sondern zum geistigen Wachsen. Tausende Möglichkeiten gibt es, sich täglich zu vervollkommnen, aber viel zu wenige werden genutzt.

Die Unterhaltungsindustrie lenkt die Menschen von ihrer Hauptaufgabe ab. Schaut euch die Inhalte der vielen Sendungen an. Wie viel Brutalität, wie viele Morde und Vergewaltigungen werden den Menschen vorgesetzt, bis sie es als normal empfinden, dass die Gesellschaft eben so ist. Aber das ist nicht die Realität. Das ist eine perverse Zuspitzung von zufälligen Ereignissen, die irgendwo auch geschehen sein können, aber nicht zum Normalfall des Lebens gehören.

Auch hier muss Gott den Menschen zurufen: Kehrt endlich um! und schaut nicht mehr hin. Das ist kein Wegsehen von der Realität, sondern ein Boykott der irrealen Darstellung der Realität.

Was will Gott damit sagen? Auch hier haben die Mächte der Finsternis das Netz der Verdunklung auf die Augen der Menschen gelegt, um sie von ihrer wahren Aufgabe abzulenken, Liebe und Nächstenliebe zu erlernen, die Seele zu reinigen und wieder zu Gott zu finden.

Auf diese Aufgabe ist das Gehirn vorbereitet worden. Es wartet auf die Erfüllung dieser Aufgabe durch den Geist. Das bedeutet, dass die vielen Bemühungen der Menschen um Frieden und Glück der Struktur des Gehirns angepasst sind. Das solltet ihr wissen, damit ihr eure Anstrengungen auf diese Aufgaben konzentriert. Alles andere gerät in Widerspruch mit der Struktur des Gehirns und deformiert es. Ihr wundert euch, wenn ihr Kopfschmerzen bekommt, wenn es in den Ohren rauscht oder die Wirbel schmerzen. Das ist die Reaktion des Gehirns auf die falschen geistigen Inhalte, die ihr mit immer stärkeren Medikamenten zu betäuben versucht, anstatt das als wirklichen Aufschrei eurer Seele auf die falschen Inhalte zu erkennen.

Über diese Frage solltet ihr ernsthaft nachdenken und in euch gehen. Gott wird euch dabei immer zur Seite stehen.

Das Gehirn als Verbindung zu Gott

Das ist eine etwas widersprüchliche Überschrift, da das Gehirn selbst keine Verbindung zu Gott hat. Diese Verbindung wird über die Seele hergestellt. Da aber die Seele mit allen Teilen des Körpers verbunden ist, ist auch das Gehirn indirekt mit Gott verbunden.

Warum ist das wichtig? Weil das Gehirn die entscheidende Schnittstelle zwischen Gott und Mensch ist. Auch die anderen Organe sind erst dann aktionsfähig, wenn das Gehirn funktioniert. Das ist auch für den Geist die entscheidende

Voraussetzung für seine Existenz. Aber der Geist hat nicht nur seinen Sitz im Gehirn, sondern vor allem im Herzen des Menschen. Das müsst ihr wissen, sonst könnt ihr nicht verstehen, dass das Herz der entscheidende Impulsgeber für all euer Handeln ist. Der Geist kann dadurch sowohl vom Verstand her entscheiden als auch vom Gefühl. Damit will Gott euch sagen, dass es immer zwei Möglichkeiten gibt, eine Sache zu betrachten. Wer nur vom Verstand her entscheidet, klammert dabei oft die Vernunft aus und fällt dabei oft Entscheidungen, die für die Menschheit falsch sind. Das verhindert die Vernunft. Und diese hat ihren Sitz im Herzen. Gott hat das so eingerichtet, dass Verstand und Vernunft getrennte Wohnstätten haben, damit der Mensch für seine Entscheidung eine Prüfmöglichkeit besitzt. Auch das Herz sollte nicht allein Entscheidungen fällen, denn nur Vernunft bringt uns nicht weiter.

Das soll folgendes Beispiel zeigen. Eine Frau will sich eine neue Wärmedecke kaufen. Der Verstand sagt ihr, dass das nicht notwendig sei, da es jetzt warm wäre und sie deshalb keine Decke bräuchte. Die Vernunft sagt ihr aber, dass das nicht so bleiben wird und deshalb eine Decke vorsorglich gekauft werden müsste. Dieses Doppelspiel ist eine Prüfung, die die Frau jetzt durchlaufen muss. Entscheidet sie nach dem

Verstand, spart sie Geld. Entscheidet sie nach der Vernunft, ist sie auf der sicheren Seite. Deshalb sollten die Argumente beider Seiten klug abgewogen werden. In den meisten Fällen siegt die Vernunft, weil sie der bessere Ratgeber ist. Dazwischen schieben sich dann noch die Erfahrung, die Klugheit und die Intelligenz. Die Erfahrung kann jede Entscheidung verhindern oder beschleunigen. Die Klugheit ist ein Warner, die alle Entscheidungen auf ihre Verlässlichkeit überprüft. Die Intelligenz ist eine angeborene Größe, die die Verbindung zu allen anderen Entscheidungsmöglichkeiten auslotet. Alle zusammen bilden eine Gemeinschaft, wenn etwas entschieden werden muss. Entscheidend aber ist die Vernunft.

Warum hat Gott das so eingerichtet? Die Vernunft hat die besten Eigenschaften, um Frieden und Nächstenliebe unter die Menschen zu bringen. Die Menschen halten sich deshalb bei ihren Entscheidungen auch mehr an die Vernunft als an den Verstand. Der Verstand entscheidet sich sehr gerne gegen die Vernunft. Das erkennen wir oft beim Essen. Es ist vernünftig, nicht mehr zu essen als der Magen verträgt. Aber oft ist der Appetit größer als der Magen fassen kann. Und der Verstand sagt dann dem Geist, dass der Magen noch viel mehr vertragen könne. Das ist dann unvernünftig. Die

Vernunft übt also eine Schutzfunktion aus und bewahrt den Körper und auch den Geist vor Übersättigung.

Das ewige Leben, das sich viele erhoffen auf dieser Erde, ist nur eine Verstandesfrage, vernünftig ist es nicht, da das dem göttlichen Plan des Entstehens und Vergehens des Lebens auf der Erde widerspricht. Alles was entsteht, hat in sich den Tod als Erlösung aus den Bindungen der Polarität.

Und so können wir abschließend sagen, dass das Gehirn aller Menschen auf allen bewohnten Planeten nur ein Instrument ist, das den Menschen geschenkt wurde, um sich der Bindung an Gott bewusst zu werden. Nutzt deshalb dieses Geschenk und haltet es rein.

Das Blut – ein Geschenk Gottes
Das Blut und die Verbindung mit den Zellen

Das Blut des Menschen ist eine ganz besondere Flüssigkeit. Es ist in seiner Zusammensetzung ein wahres Wunderwerk. Kein Mensch kann überhaupt ermessen, was Gott ihm da geschenkt hat. Das Blut des Körpers wird auch als Lebenssaft bezeichnet, weil es das Leben in sich trägt. Wenn wir es verlieren, verlieren wir auch das Leben. Es zirkuliert und wärmt unseren Körper. Es wärmt auch die vielen Zellen des Körpers. Ohne diese Wärme von 37° würde es auch kein Leben geben. Warum sind es gerade 37°? Weil bei dieser Temperatur der Informationsgehalt des Wassers am höchsten ist. Bei dieser Temperatur können alle Informationen von der Seele an die Zellen am schnellsten weiter gegeben werden. Wenn die Temperatur steigt, weil der Körper sich mit Erregern infiziert hat, dann irritiert diese höhere Temperatur die Informationsgebung der Erreger und sie müssen sterben, weil sie sich ohne gegenseitige Information nicht vermehren können. Wenn die Temperatur noch weiter steigt, weil die Anzahl der Erreger noch weiter zugenommen hat, dann kann für den Körper eine bedrohliche Situation entstehen, vor allem, wenn es neue Erreger sind und das Immunsystem noch keine Abwehrerfahrungen besitzt. Der Körper wird in eine Art Schock versetzt, um die Erreger zu zwingen, sich in den verschiedenen Kapillaren der Lunge zu verteilen. Dort können sie sich nicht vermehren, weil sie dort mit dem Gas Kohlendioxid in Berührung kommen. Der Mensch bekommt jetzt eine Lungenentzündung. Das ist aber jetzt keine Krankheit, und diese sollte auch nicht bekämpft werden, weil es der Heilungsprozess ist, der vom Körper eingeleitet wurde.

In der Regel wird der Mensch dadurch wieder gesund, aber eben nur in der Regel. Es gibt natürlich sehr aggressive Erreger, die der Körper nicht abwehren kann. Aber diese sind selten. Auch hier liegt es am Menschen selbst, in welche Gefahren er sich begibt.

Das Blut ist ein Transportmittel. Es transportiert aus allen Organen und Drüsen nach einem abgestimmten Plan zum richtigen Zeitpunkt alle Stoffe, die die Zellgruppen benötigen. Gleichzeitig übernimmt das Blut auch die Entsorgung der verbrauchten Stoffe. Das ist ein vollkommen automatischer Prozess, von dem der Geist nichts erfährt. Würde der Geist mit dieser Aufgabe betraut werden, wäre er vollkommen überfordert. Auch die anderen Aufgaben des

Blutes werden vom Unterbewusstsein gesteuert. Der Mensch hat andere Aufgaben zu meistern, deshalb hat Gott ihn aus der Steuerung dieser Körperprozesse heraus gehalten.

Eine weitere Aufgabe des Blutes ist es, die Teilung der Zellen zu kontrollieren. Da das Blut an jede Zelle angeschlossen ist, kann es auch das Alter der Zellen registrieren. Wenn die Zellen ihre Aufgaben erfüllt haben, dann bekommen sie über das Blut einen Impuls von der Körpersteuerung, der sie zwingt, eine neue Zelle zu bilden. Die Körpersteuerung ist weder Geist noch Seele, sondern eine Kontrollstation, die ihren Sitz im Unterbewusstsein hat und die Ordnung des Körpers nach der göttlichen Urfrequenz überprüft. Wenn die Zelle zu alt ist, muss sie gegen eine neue ausgetauscht werden. Das Blut bringt der Zelle ein Signal, das sie zwingt, ihre Arbeit zu beenden. Im Zellkern werden jetzt die Vorbereitungen getroffen, um die Teilung einzuleiten. Das geschieht alles sehr schnell und in jeder Sekunde millionenfach. Das kostet alles sehr wenig Energie, weshalb der Mensch davon nicht belastet wird.

Auch die anderen Aufgaben des Blutes wollen wir noch anführen. Da ist vor allem die direkte Übertragung der Inhaltsstoffe der Nahrung zu nennen. Auch die Vitamine und

Mineralien werden über das Blut transportiert. Wir können im Blut jeden einzelnen Stoff nachweisen, den der Mensch zu sich nimmt. Das ist für viele eurer Wissenschaftler so nicht vernommen worden. Viele glauben, dass nur ganz bestimmte Stoffe ins Blut gelangen und andere nicht. Das ist gar nicht anders möglich, weil das Blut auch ein Informant für die Seele ist. Und die Seele muss alles wissen, was der Mensch zu sich nimmt.

Warum ist das so? Weil der Mensch auch Stoffe zu sich nimmt, die ihm schaden. Dann muss die Seele den Geist informieren, dass der Mensch sich in Gefahr begibt. Das ist eine wichtige Warnfunktion, die die Seele hat. Gleichzeitig informiert die Seele auch Gott, dass diese Gefahr besteht. Und Gott kann über die Helfer Gottes Veränderungen einleiten, wenn der Mensch sich an Gott wendet. Deshalb muss das Blut alles aufnehmen, was der Mensch zu sich nimmt.

Wir sehen also, dass das Blut eine wichtige Aufgabe im Zusammenwirken mit allen Steuerungssystemen hat. Das hat Gott so eingerichtet, um dem Menschen ein sicheres Leben zu gewährleisten. Das solltet ihr wissen, damit ihr achtsam mit diesem Geschenk umgeht.

Das Blut und seine Bestandteile

Das Blut hat in seinen Bestandteilen ein Riesenvolumen an Wirkstoffen. Das kann keine andere Flüssigkeit in diesem Umfang aufnehmen. Auch die unterschiedlichsten Stoffe, die sich eigentlich ausschließen und bekämpfen, werden im Blut aufgenommen, wenn sie gebraucht werden.

Wir wollen uns die einzelnen Bestandteile einmal etwas genauer ansehen. Da sind zuerst die roten Blutkörper. Sie sind die eigentlichen Farbgeber, da sie als wichtigsten Bestandteil das Eisen haben, das durch das Hämoglobin in den roten Farbstoff umgewandelt wird. Das Hämoglobin ist der Träger von Sauerstoff als dem wichtigsten Lebenselement. Ohne Sauerstoff kein Leben.

Das zweitwichtigste Element ist das Kohlendioxid. Beide schließen sich eigentlich aus, weil Sauerstoff auf CO_2 eigentlich feindlich reagieren müsste. Aber in der gebundenen Form des Hämoglobins vertragen sich beide.

Dann kommt das Plasma. Es hat die Aufgabe, die Konsistenz des Blutes zu gewährleisten. Wenn das Blut zu dickflüssig ist, dann kann es nicht schnell genug fließen, und der Mensch bekommt Durst. Trinkt er nicht, bekommt er Kopfschmerzen.

Trinkt er weiterhin nicht, dann verdurstet der Mensch, weil das Blut nicht mehr fließen kann. Das Plasma enthält alle Bestandteile, die der Körper braucht. Es ist der eigentliche Sammler all dieser Stoffe. Deshalb kann es auch nicht aus dem Blut herausgenommen und dem Menschen in anderer Form verabreicht werden.

Das Blut hat eine Geschichte. Es hat sich mit dem Menschen entwickelt, weil die Menschen sich auf unterschiedliche Weise ernähren mussten. Die Menschen, die sich hauptsächlich von Pflanzen ernährt haben, haben einen geringeren Anteil an Eisen in ihrem Blut als diejenigen, die sich hauptsächlich von Fleisch ernährten. Ihr bezeichnet dies in Gruppen nach A und B. Da sich die Ernährungsweise im Laufe der Entwicklung veränderte und mischte, sind auch verschiedene Mischgruppen entstanden. Das bedeutet aber nicht, dass die Menschen mit der Blutgruppe B vornehmlich Fleisch essen sollten. Diese Untergliederungen haben sich heraus gebildet, als der Mensch gerade dabei war, sich aus dem Tierreich zu verabschieden. Auch wenn viele meinen, dass Gott das doch so zugelassen hat, dann ist das zwar richtig, aber auch notwendig gewesen, da sich der Mensch dort ansonsten nicht hätte aus dem Tierreich entwickeln können. Die Blutgruppe Null wird als Grundform des Blutes bezeichnet, weil sie keine der Merkmale beider Gruppen enthält. Das ist so eingerichtet worden, weil sich immer wieder Gruppen mischen und dadurch sehr viele Varianten entstehen, die die Reinheit der Art Mensch gefährden würden. Deshalb kann auch ein Mensch mit der Blutgruppe Null sein Blut für beide Gruppen spenden, ohne dass der Mensch vergiftet wird.

Die Blutgruppe erhält der Mensch von seinen Eltern. Dadurch lässt sich die Herkunft des Kindes nachweisen. Das ist auch wichtig für die Paarung. Die gleichen Blutgruppen der Geschwister sollen verhindern, dass sie sich paaren, denn das würde der Entwicklung der Menschen widersprechen. Gott will, dass jedes Kind, das geboren wird, eine andere genetische Struktur erhält als die der Geschwister. Das bedeutet nicht, dass sie eine andere Struktur als die der Eltern hätten, aber die genetische Struktur eines Kindes aus der Paarung von Geschwistern enthält einen Defekt, der dem Kind schadet. Wir kennen das aus sogenannten Inzuchtlinien, die sich aus Machtstrukturen ergaben.

Auch die weitere Einteilung des Blutes nach Untergruppen ist so eingerichtet worden, um eine unterschiedliche Ausgestaltung der Charaktere der Menschen zu gewährleisten. Wenn es nicht so wäre, dann wäre das Leben der Menschen sehr langweilig. Die Menschen mit der Blutgruppe Null sind die ausgeglichenen Typen, da sie weder die Aggressivität der Menschen mit der Blutgruppe B als auch die stoische Ruhe der Menschen mit der Blutgruppe A besitzen. Jetzt könnt ihr verstehen, warum es Untergruppen geben muss.

Auch die anderen weiteren Bestandteile des Blutes sollen noch genannt werden. Da ist vor allem das enzymatische System zu nennen. Das sind Eiweißverbindungen, die die Aufgabe haben, Stoffe in die Bestandteile zu spalten, wie sie der Körper braucht. Kein einziges Lebensmittel ist ohne diese Aufspaltung verträglich. Das gewährleisten die Enzyme. Ihre Anzahl ist unendlich groß. Ihr habt bisher nur einen kleinen Teil erkannt. Aber ihr stellt Stoffe her, die in die Struktur der Enzyme eingreifen und dadurch unerwünschte Wirkungen auslösen. Das sind vor allem eure Mittel, die ihr gegen die Krebserkrankung einsetzt. Das solltet ihr nicht tun, weil ihr damit nicht die Ursachen der Krebserkrankung beseitigt und keine wirkliche Heilung erreicht. Ihr müsst an dieses Problem von einer ganz anderen Seite heran gehen, so wie euch Gott das bereits an einer anderen Stelle mitgeteilt hat.

Das Blut ist auch in einer anderen Richtung ein wahres Wundermittel. Es vertreibt alle Gegner. Das Blut kann über die Körpersteuerung alle Gegner identifizieren, die in den Körper eindringen. Dann informiert das Blut die Abwehrzellen. Diese kreisen den Gegner ein und vernichten ihn.

Auch die Übersäuerung wird durch das Blut registriert. Die Übersäuerung hat verheerende Auswirkungen auf alle Lebensprozesse. Die Menschen könnten sich mit einem Schlag davon befreien, wenn sie aufhören würden Fleisch zu essen. Aber die meisten Menschen wollen davon nicht wissen, und so nimmt das Unglück seinen Lauf.

Die Ärzte sind hierin keine Vorbilder. Sie müssten doch zuerst aus eigenem Erleben zur Erkenntnis kommen, dass der Fleischverzehr die Ursache vieler Übel ist. Wenn sie auch selbst nicht darauf verzichten wollen, so sollten sie doch zumindest ihre Patienten davon überzeugen. Ansonsten ist ihr ganzes Gerede von Vorsorge und richtiger Ernährung nur Betrug am Patienten. Gott möchte auch hier nur an die Vernunft appellieren und keinen Versuch unternehmen, gegen den freien Willen anzugehen. Aber die Ignoranz von denjenigen, die sich die Gesunderhaltung der Menschen als Beruf ausgewählt haben, ist Gott völlig unverständlich.

Wir sehen also, dass das Blut in seiner Zusammensetzung

alles im Körper erfasst und erkennt. Das hat Gott den Menschen geschenkt, damit sie ungestört ihre Lebensaufgabe erfüllen können.

Das Blut und die Seele

Das Blut ist ein Informant, wie wir schon gelesen haben. Die Seele bekommt diese Informationen zur Weitergabe an den Geist und an Gott. Aber nicht alle Informationen werden benötigt. Alles was sich in der göttlichen Ordnung bewegt, bedarf keiner Information, weil das von Gott so bestimmt ist. Lediglich die Anzeige der fehlerhaften Entwicklung ist notwendig, um Maßnahmen zur Korrektur einleiten zu können. Auch die Gefahrenabwendung geht vom Blut aus. Wenn zum Beispiel das Blut mit Erregern infiziert ist, dann müssen über die Körpersteuerung Impulse an das Blut gegeben werden, die die Säuberung einleiten. Das wird auch die Seele wiederum an den Geist und an Gott geben. Dieser direkten Verbindung, die die Menschen nicht wissen können, verdanken aber viele Menschen ihr Leben, denn das Blut kann nicht von sich aus die erforderlichen Maßnahmen einleiten. Gott erkennt auch hier die Aufgabe des Menschen, für seine Gesundheit selbst zu sorgen. Wenn der Mensch sorglos mit seiner Gesundheit umgeht, dann kann auch Gott der Heilung nicht zustimmen. Der Mensch muss dann ernten, was er gesät hat. Das ist auch hier keine Strafe, sondern das Gesetz Gottes, das dieser Mensch verletzt hat. Das Blut wird solange auf ein Heilungssignal warten, bis der Mensch zur Selbsterkenntnis gekommen ist. Das kann sehr lange dauern. In der Zwischenzeit lässt sich der Mensch untersuchen und bekommt die Diagnose, dass sein Blut nicht in Ordnung ist. Nun bekommt er Medikamente, die diese Unordnung beseitigen sollen. Das ist aber zwecklos, weil die Ursache eine andere ist. Viele glauben, dass sie Gott hintergehen können, indem sie die Symptome bekämpfen und glauben, Gott bemerkt das nicht.

Was will Gott damit sagen? Die Menschen müssen ein vernünftiges Verhältnis zu ihrem Körper einnehmen. Es ist unvernünftig, der ungezügelten Ernährung zu frönen und nicht die Folgen zu beachten. Schauen wir uns doch an, wie viele übergewichtige Menschen es gibt. Als ob es morgen nichts mehr zu essen gäbe, wird der Magen vollgestopft, dazu noch mit ungesunder Nahrung. Aber zu Gott kommen die Menschen dadurch nicht.

Warum ist das so? Weil Gott in dem Gebet Gottes ausdrücklich gesagt hat, dass jeder an jedem Tag ausreichend

Nahrung bekommt. Deshalb duldet Gott es nicht, wenn die Menschen sich so verhalten, als würde morgen eine Hungersnot ausbrechen, oder so, als gäbe es außer essen keine anderen Bedürfnisse, die der Körper oder der Geist erfüllt haben möchte. Gott duldet bei den Kindern Gottes keine Unvernunft.

Das solltet ihr wissen, wenn ihr euch wieder an den Tisch setzt und eure Mahlzeiten einnehmt.

Das Blut als eine Verbindung zu Gott

Das bedeutet zuerst, dass das Blut ein wahres Geschenk Gottes ist. Es ist allen Wesen eigen, die auf den bewohnten Planeten des Universums leben, auch Tieren und Pflanzen. Die Pflanzen haben andere Aufgaben, deshalb hat ihr Blut auch eine andere Zusammensetzung. Das Blut der Tiere ist dem des Menschen ähnlich, aber eben nur ähnlich. Es enthält weniger Informationen, weil die Tiere ihre Umwelt nicht verändern müssen. Die Pflanzen haben die Aufgabe, Nahrung für Tiere und Menschen zu sein. Deshalb enthält ihr Blut keine Eiweißstrukturen, die denen der Tiere und Menschen ähnlich sind und deshalb von beiden gut vertragen werden. Auch die Zusammensetzung der Zellen ist so gestaltet, dass sie dem Menschen alles liefern, was dieser zu einer gesunden Entwicklung benötigt. So enthält das Getreide eine Substanz, die dem Menschen das Sehen ermöglicht. Auch das menschliche Denken benötigt alle pflanzlichen Eiweißstoffe, weil nur Menschen denken können. Die Säfte aller Pflanzen auf der Erde nehmen in der Entwicklung der Wesen den bestimmenden Platz ein, vor allem die Pflanzen, die eine grüne Blattstruktur haben. Das bedeutet, dass das Grün – das Chlorophyll - der Stoff ist, der das Sonnenlicht aufnimmt und speichert. Der Mensch ernährt sich eigentlich nur von gespeichertem Sonnenlicht und braucht keine weiteren Energien aus anderen Stoffen. Das hat Gott so eingerichtet, um ausreichend Nahrung für alle Menschen zu sichern. Deshalb könnten auf der Erde noch viel mehr Menschen leben, ohne dass auch nur ein einziger hungern müsste.

Das Blut der Tiere ist für den Menschen unverträglich. Das haben wir schon an vielen anderen Stellen ausführlich erläutert. Auch das Blut der Menschen ist für den Menschen unverträglich. Das ist auch kein Thema, das es zu begründen gilt, weil Gott dem Menschen ein natürliches Gefühl des Ekels mitgegeben hat, um sich vor sich selbst zu schützen.

Wir sehen also auch hier, dass Gott eine Hierarchie eingerichtet hat, die das Leben sichern hilft. Wer diese Hierarchie missachtet, der kann auch nicht erwarten, wenn in seinem Leben dadurch etwas nicht richtig läuft, dass Gott regulierend eingreift. Gott hat dem Menschen die Vernunft geschenkt. Also benutzt dieses Geschenk, bevor ihr etwas tut, was ihr später teuer bezahlen müsst.

Die Zelle – ein Geschenk Gottes
Die Zelle und ihre Aufgaben

Die Zelle ist für euch Menschen die kleinste Einheit des Lebens. Das sollt ihr auch weiterhin so sehen, obwohl es nicht stimmt. Die kleinste Einheit des Lebens ist der Zellkern. Ihr seid schon sehr tief in das Wesen des Zellkerns vorgedrungen, aber seine wahre Bedeutung habt ihr noch nicht erkannt. Der Zellkern ist der kleinste Informationsträger im Universum. Seine Kapazität ist nahezu unendlich, weil im Zellkern das gesamte Wissen des Universums gespeichert ist. Das mag bei der Winzigkeit dieses kleinen Gebildes utopisch klingen, es ist aber so. Das hat auch einen Grund. Das Weltall ist eine unendliche Größe. Es ist von der Dimension her nicht fassbar. Damit kann keiner etwas Konkretes anfangen. Um aber verändern zu können, vor allem das eigene Wesen, muss es konkrete Bezugspunkte geben. Wo können diese gespeichert werden? Nur dort, wo die Materie Endlichkeit hat. Und das sind die lebendigen Wesen. Diese haben auch die Fähigkeit, dieses Wissen zu vermehren, weiter zu entwickeln und weiter zu geben. Die Unendlichkeit ist dazu nicht in der Lage. Deshalb hat Gott diesen Schatz in jeder Zelle deponiert. Wo ist aber in der Zelle dieser Schatz, den ihr noch nicht entdeckt habt? Er ist in den Zellwänden eingeschrieben als göttliche Frequenz. Ihr könnt dieses Wissen abrufen, wenn ihr den Schlüssel dazu findet. Diesen Schlüssel muss man sich verdienen, wenn man Gott versichern kann, diesen Schatz nur zum Guten zu verwenden. Gott sieht aber bei denen, die auf der Erde herrschen, dazu keine Bereitschaft. Deshalb wird Gott diesen Schlüssel nur sehr wenigen Menschen aushändigen und diesen den Zugang zu dieser einen Frequenz gewähren. Gott kann den Menschen der Erde nur immer wieder zurufen: Kehrt endlich um! Ihr habt es selbst in der Hand, alles Wissen dieses Universums aus euch selbst zu erschließen. So einfach ist das. Und ihr könntet ganz andere Leistungen erbringen zum Wohle aller Menschen auf eurem schönen Planeten.

Ich fragte Gott, was denn nun richtig sei, Zellkern oder Zellwände. *„Im Zellkern ist das Wissen wie Bücher in einer Bibliothek deponiert, aber in den Wänden ist dieses Wissen als Frequenz abgelegt, damit es für alle Menschen eine Zugangsmöglichkeit gibt."*

Und dieses Wissen ist in jeder der Milliarden Zellen abgelegt? *„Das ist so, weil jede Zelle auch Zugang zum universellen Wissen haben muss."*

Das ist die große Aufgabe, die die Zellen haben. Natürlich hat jede Zelle im Körper der Wesen ganz spezifische Aufgaben.

Da ist zuerst der Austausch der lebensnotwendigen Stoffe zu nennen. Das macht jede Zelle, auch die unbedeutendste. Wenn dieser Austausch nicht gelingt, dann sterben die Zellen. Einige Zellen organisieren sich dann aber auch anders und führen ein Eigenleben. Darüber habt ihr schon an anderer Stelle gelesen, als Gott euch über die Krebsentstehung informiert hat. Auch das Zusammenwirken mit gleichen Zellen ist eine Aufgabe der Zellen. Und schließlich haben die Zellen die Aufgabe, neues Leben zu gewährleisten.

Wir sehen also, dass Gott die Zellen mit weitreichenden Vollmachten ausgestattet hat.

Die Bestandteile der Zellen

Die Zelle besteht aus einem Zellkern und dreiundzwanzig weiteren Teilen. Im Zellkern sind alle wichtigen Befehlsstellen und die Chromosomen sowie die gesamte Bausteinkette des Menschen enthalten. Diese Doppelhelix, wie ihr sie nennt, hat auch Bedeutung für das Leben auf anderen Planeten. Durch diese Ketten werden Informationen ausgetauscht, wie die Lebensbedingungen überall auf den Planeten gestaltet sind. Das spürt ihr nicht, aber ihr seid dadurch mit allen Wesen im Universum verbunden.

Was hat das für einen Sinn, wenn ihr nicht einmal wisst, dass es außer euch noch andere bewohnte Planeten gibt? Die Einheit allen Seins ist dadurch gewährleistet. Auch die Bewohner der anderen Planeten wissen das nicht, weil sie davon auch keinen Nutzen haben. Aber nach Gottes Plan wird es dazu kommen, dass die Planeten untereinander Verbindung aufnehmen werden und Informationen austauschen. Dann spielt die Doppelhelix eine entscheidende Rolle bei der Codierung und Decodierung der Informationen. Das liegt aber noch in weiter Ferne, da weder auf der Erde noch auf den meisten der anderen Planeten die Bedingungen dazu gegeben sind.

Im Zellkern wird auch das Alter der Menschen verwaltet. Es ist euch bereits gelungen, dieses Geheimnis ein wenig zu lüften. Die sogenannten Telomere sind der Schlüssel dazu. In jedem Zellkern sind sie vorhanden und regeln die Teilungsgeschwindigkeit der Zellen. Jede Zelle hat von Gott eine bestimmte Anzahl an Teilungen erhalten. Diese liegen zwischen acht und zwölf Teilungen. Bei jeder Teilung wird ein Teil der Telomere weggenommen. Wenn keine mehr da sind, stirbt die Zelle, mit Ausnahme der Krebszellen, der Keimzellen und der Stammzellen. Diese haben in sich ein Enzym, das das fehlende Stück der Telomere wieder erneuert.

Was hat das mit dem Alterungsprozess zu tun? Auch die Zellen des Gehirns haben diese Telomere, aber nicht das Enzym. Eine Gehirnzelle muss beschäftigt werden, sonst teilt sie sich ständig. Und wenn die Anzahl der Teilungen erreicht ist, dann stirbt die Zelle und erneuert sich nicht. Das führt zum Abbau von Lebenssubstanz in einer kürzeren als von Gott vorgegeben Zeit. Dadurch altert der Mensch auch äußerlich. Der Mensch verursacht diese Zellteilungen durch eine ungesunde Ernährung. Tierische Nahrung verursacht eine wiederholte Teilung der Gehirnzellen und begünstigt dadurch die vorzeitige Alterung.

Warum teilen sich die Gehirnzellen schneller? Weil der

Körper dem Geist signalisiert, dass der Mensch Gift zu sich nimmt. Das ist ein Zellgift, besonders für die Gehirnzellen. Durch dieses Gift werden die Zellkerne in ihrer Funktion gestört. Diese versuchen durch Teilung einen Ausweg zu finden. Auch andere Zellen des Körpers werden Teilungen vornehmen müssen, aber sie haben auf den Alterungsprozess keinen Einfluss. Das geschieht alles schmerzlos, weshalb es keiner bemerkt. Aber auf die Dauer werden die Folgen sichtbar. Über die Folgen haben wir schon gesprochen.

Die anderen Teile der Zelle sind kleiner. Da ist besonders die Energieversorgung der Zelle zu nennen. Das ist ein besonders ausgeklügeltes System. Die Zelle erhält über die Blutzellen Sauerstoff geliefert. Diesen braucht sie zur Verbrennung der Nährstoffe und Mineralien. Diesen Prozess nennt ihre aerobe Synthese, weil alles, was zum Leben notwendig ist, aus den Stoffen synthetisiert wird. In den sogenannten Mitochondrien wird diese Energie gespeichert und an das Blut abgegeben. Die Mitochondrien sind überempfindlich in Bezug auf Zellgifte. Es kommt vor, dass sie die Energieerzeugung vollständig einstellen und sogar ihre Struktur verändern. Dann kann die Zelle nicht mehr existieren. Auch die anderen Bestandteile sind davon betroffen und müssen ihre Tätigkeit einstellen.

Ein weiteres wichtiges Teil ist das mittlere Faserstück. Es ist an der Außenwand gelagert und hat die Funktion des Einlasskontrolleurs. Nach einem genauen Plan werden die Verbindungstüren geöffnet, um die Stoffe aufzunehmen und die verbrauchten Stoffe abzugeben. Das geschieht solange, bis die Zelle sich verabschieden muss. Es geschieht, dass die verbrauchten Stoffe nicht abgeholt werden können, weil das Adrenalin andere Aufgaben zu erfüllen hat als den Müll aus den Zellen abzuholen. Staut sich der Müll in den Zellen, dann greift der Zellkern zu einer lebensrettenden Maßnahme. Die Zelle beginnt, ihren Müll selbst zu verbrennen. Das nennt ihr anaerobe Glykolyse, weil dazu kein Sauerstoff notwendig ist, aber trotzdem sehr viel mehr Energie als bei der aeroben Glykolyse. Die Zelle gärt. Eine Krebszelle ist entstanden. Der Zellkern bemächtigt sich sofort des lebenserhaltenden Enzyms, das die Telomere erneuert. Dadurch wird eine Krebszelle unsterblich. Sie stirbt erst, wenn der gesamte Körper stirbt. Die Krebszelle ist sehr aggressiv. Sie zwingt die Nachbarzellen, sich ebenfalls anaerob zu verhalten. So entsteht dann ein Krebsherd, der von der Körperabwehr nicht erkannt wird, weil sich die Krebszelle als Einzeller tarnt, wie es viele davon im Körper gibt. Diese Einzeller waren bereits auf der Erde, als es noch kein Wasser gab, weil der

Sauerstoff fehlte. Sie waren deshalb zu einer anaeroben Stoffumwandlung gezwungen. Deshalb ist die anaerobe Glykolyse der Krebszelle kein Sonderfall der Natur. Aber die Krebszelle ist ihrer Natur nach kein Einzeller, wie die Natur sie geschaffen hat, sondern ein Ausnahmefall in der Entwicklung des menschlichen Körpers. Wir können die Entstehung dieses Ausnahmefalls unterbinden, wenn wir auf die Dinge verzichten, wie sie bereits in einem anderen Abschnitt beschrieben wurden.

Der Krebs ist kein Geschenk Gottes an die Menschen. Der Krebs ist eine Form des schmerzhaften Sterbens, wie sie sich die Menschen selbst ausgesucht haben. Das mag angesichts der zunehmenden Zahl der Krebserkrankungen sarkastisch klingen, aber Gott gibt euch täglich die Möglichkeit, euch vernünftig zu verhalten, so dass der Krebs keine Chance hat, euer Leben zu verkürzen.

Auch wir, die Wächter der Erde, wünschen euch ein langes Leben. Aber gestalten müsst ihr es selbst.

Frage an Gott: Gott hat gesagt, dass die Zelle aus dem Zellkern und 23 weiteren Teilchen besteht. Gott hat aber nur von denen gesprochen, die die Menschen auch schon analysiert haben. Gibt es unter den 23 Teilen auch solche, die die Wissenschaft noch nicht entdeckt hat? Gott antwortet darauf: *„Das sind die meisten. Da ihr sie noch nicht entdeckt habt, gibt es auch keine Namen dafür. Da ist zum Beispiel das kleine Teil, das sich um die richtige Anordnung der Blutblättchen kümmert. Das verhindert die Klumpenbildung im Blut. Da ist ein weiteres Teil, das für die Beseitigung des Mülls zuständig ist. Oder ein Teil, das für die Informationen zwischen allen Teilen zuständig ist. Du siehst, es gibt noch viel zu erforschen. Und wenn ihr ein neues Teil entdeckt habt, dann werdet ihr feststellen, dass sich hinter diesem Teil weitere Teile verstecken. Das ist die Unendlichkeit im Kleinen. Aber dadurch werdet ihr immer mehr zu der Erkenntnis kommen, wie weise Gottes Schöpfung ist."*

Die Zelle als eine Verbindung zu Gott

Das kleine Ding, das mit dem bloßen Auge kaum sichtbar ist, soll, und dann noch jede einzelne Zelle für sich, mit Gott in Verbindung stehen? Das ist aber so. Gott sieht alles und erkennt alles, auch wenn es noch so winzig ist. Die Zelle sendet auch ständig Signale an die Seele, die Wohlbehagen oder Unwohlsein beinhalten. Dann kann Gott eingreifen, wenn es Dinge sind, die unabhängig vom menschlichen Geist sind. Gott will, dass der Mensch lebensfähig bleibt, auch wenn er seiner Lebensfähigkeit direkt zuwider handelt. Auch die einzelnen Teile der Zelle brauchen Schutz. Das ist durch niemand anders zu gewährleisten als durch Gott selbst. Denn diese Einzelteile bilden die Grundbausteine des Lebens, die richtig zusammenwirken müssen. Auch das ist weder von der Seele noch vom Geist zu bewirken.

Eine weitere Verbindung besteht in der kurzen Lebensphase einer Zelle. Eine Zelle lebt längstens sieben Erdenjahre. Aber das ist schon die Ausnahme. In der Regel leben Zellen drei Jahre. Das bedeutet, dass sich der Körper in dieser Zeit komplett erneuert und in sich jung bleibt. Diesen Erneuerungsprozess steuert Gott, weil nur so die Lebensfähigkeit der Menschen gewährleistet bleibt. Die andere Seite dieses Prozesses besteht darin, dass Gott alles kennt, was alle Menschen in der gegenwärtigen Zeit benötigen. Das kann wiederum kein anderer als Gott selbst tun.

Wir sehen also, wie tief Gott in das Leben jedes einzelnen Menschen eingreift und wie klein das Denken vieler Menschen ist, die meinen, dass es Gott nicht gibt. Sie verkennen dabei die grundlegende Tatsache, dass sie ohne Gottes Wirken nicht eine Sekunde lebensfähig wären.

Das wollte Gott euch sagen, damit ihr mehr Achtung vor Gottes Schöpfung bekommt.

Das Leben - ein Geschenk Gottes
Das Leben – eine Überwindung der Angst

Das Leben ist ebenso ein Geschenk Gottes, wie alles andere auch, was ihr in euch und um euch verspürt. Aber das Leben ist für alle Wesen eine Herausforderung, weil jedes einzelne Wesen sich durchsetzen muss, um zu überleben. Diesen Kampf gibt Gott als Bedingung vor und legt für jedes Wesen auch gleichzeitig die Bedingungen fest, unter denen es sich diesem Kampf stellen muss. Das ist der Auftrag Gottes, sich artgerecht zu verhalten. Das gilt auch für den Menschen. Richtiges artgerechtes Verhalten beim Menschen bedeutet, dass er sich vor allem als Mensch beweist und nicht wie ein Tier den Kampf um das Überleben führt. Wir sehen aber gerade in der heutigen Zeit, dass sich der Mensch immer weiter vom Menschsein entfernt. Er führt weiterhin Kriege, vernichtet Kinder Gottes und zerstört seine Lebensgrundlagen. Aber all das geschieht auf einem sehr hohen geistigen Niveau. Die Menschen werden immer wissender, aber auch immer gefährlicher für die Umwelt. Das ist kein artgerechtes Verhalten mehr. Viele, die die Geschicke der Menschen leiten sollen, haben ein triebhaftes Bemühen an den Tag gelegt, dieses lebensbedrohliche Spiel auf die Spitze zu treiben. Sie ersinnen immer neue Waffensysteme, die das Leben aller Wesen vernichten können. Das sieht Gott mit großer Sorge, da es genau das Gegenteil ist von dem, was Gott für die Menschheit bestimmt hat. Deshalb appelliert Gott immer wieder an die Kräfte der Vernunft, diesen Mächten der Zerstörung das Handwerk zu legen. Das hat Gott für euch bestimmt.

Die Angst vor der Zerstörung des Lebens ist eine von Menschen verursachte Angst und nicht gottgewollt. Ihre Überwindung macht den Weg frei für die Selbstverwirklichung des Menschen. Das müsst ihr endlich erkennen und die entsprechenden Schritte einleiten. Gott wird euch dabei helfen und schützen, wenn ihr Gott ruft und euren Willen zeigt damit zu beginnen. Wie das zu machen ist, hat Gott euch schon mitgeteilt.

Wir müssen hier noch auf einen anderen Zusammenhang eingehen. Die Menschen meinen, ihr Leben sei eine Art Prüfung vor Gott, und alles, was sie tun, muss vor Gott bestehen können. Das ist aber gar nicht notwendig. Da Gott sowieso alles sieht, muss keiner Gott etwas beweisen. Gott will nur, dass sich der Mensch nicht außerhalb der göttlichen Gesetze bewegt. Das reicht schon vollkommen aus. Die Menschen haben sich vor langer Zeit eigene Gebote auferlegt. Das waren zwar nicht die Gebote, wie Gott sie formuliert hat, aber sie waren eine Anleitung zu einer gottgefälligen Lebensweise. Wenn sich die Menschen wenigstens an diese Gebote gehalten hätten, dann sähe das Leben heute auf der Erde ganz anders aus. Aber da diejenigen, die diese Gebote in den Kirchen predigen, sie auch nicht einhalten, gibt es keine Maßstäbe für das, was gut und schlecht ist. Die Kirchen sind zwar für viele Menschen ein Ort, um Gott nahe sein zu wollen. Aber Gott mag diese Scheinheiligkeit nicht, da Gott überall und in allem ist. Um Gott zu finden, muss keiner eine Kirche aufsuchen. Es ist doch gerade so, dass sich auch diejenigen segnen lassen, die die Menschen mit ihren Waffen vernichten wollen. Was für eine Lüge. Und das geschieht alles im Namen Gottes? Da das wirklich so ist, haben die wirklich gottgläubigen Menschen keine Stätte, um Gott wirklich nahe zu sein. Das ist für Gott ein unerträglicher Zustand. Wenn diejenigen, die angeblich das Wort Gottes predigen, es auch so aussprechen würden, wie Gott es gesagt hat, dann müssten sie nicht versuchen, in alten Bibeln Gottes Wort zu finden, sondern in den Geschehnissen des täglichen Lebens. Denn da wirkt Gott, und da möchte Gott, dass die Menschen zur Vernunft kommen. Wenn die Bischöfe und Priester und alle die für die Kirchen tätig sind, ihr Amt dazu nutzen würden, um so wie Jesus die schlimmen Zustände auf dieser Erde brandmarken würden, dann hätten alle gottgläubigen Menschen eine Heimstatt als ein Hort gegen die Mächte der Zerstörung. Aber so wie es gegenwärtig ist, dass sich die kirchlichen Amtsträger scheuen, diese Missstände öffentlich anzuprangern und sich ihre Unterwürfigkeit unter die Mächte der Finsternis auch noch von diesen bezahlen lassen, kann Gott keine Rücksicht nehmen. Sie laden eine schwere Schuld auf sich, weil sie die Menschen nicht aus der Lüge heraus führen.

Wir sehen also, dass Gott sehr zornig ist, wenn Gottes Wort wahrlich so falsch dargestellt und nicht zur Überwindung der Angst genutzt wird.

Das Leben als eine Verbindung zu Gott

Das Leben ist ein göttliches Geschenk. Ein höheres, wirklich wahres Geschenk kann es nicht geben. Es ist ein Ausdruck wahrer Liebe, denn Leben ist Liebe. Das ist den Menschen auch bekannt. Wir sehen diesen Zusammenhang aber nicht bestätigt in ihrem täglichen Tun. Die Menschen betrachten das Leben als ein biologisches Phänomen und untersuchen das Leben auch nur in diesen Begrenzungen als eine logische Abfolge von biologischen, chemischen und physikalischen Prozessen. Aber das Leben ist weit mehr. Erst wenn dieser Zusammenhang von Liebe, Gott und Leben erkannt wird, dann kann auch das Leben erst in seinen biologischen Verästelungen erkannt werden.

Wir wollen auch hier ein Beispiel anführen. Kein einziges Wesen bewahrt in sich die Vergangenheit seiner Entwicklung. Das ist nicht etwa im Unterbewusstsein gespeichert, wie viele glauben. Das ist bei Gott in den vielen Frequenzen abgelegt. Das ist verständlich, wenn wir bedenken, dass Gott derjenige ist, der die Menschen zur Bewältigung ihrer karmischen Aufgaben zusammenführt, damit das im gegenseitigen Lernen erfolgen kann. Aber die Menschen erkennen das nicht und betrachten ihr soziales Umfeld als zufälliges

Geschehen. Keiner wird von Gott ohne solche karmischen Beziehungen wieder auf die Erde geschickt. Deshalb sollte jeder einmal sein Leben in dieser Richtung durchleuchten. Auch diejenigen, die dazu geboren wurden, um anderen zu schaden, erfüllen damit einen karmischen Auftrag. Das ist schwer zu verstehen, da viele damit meinen, dass Gott beide bestraft. Das ist aber so nicht zu verstehen. Derjenige, der schadet, ist auf die Erde gekommen, um eine solche Situation zu schaffen, die ihn zwingt, an seinem Tun seine Ferne zu Gott zu erkennen. Das wird ihn zu der Erkenntnis führen, dass Gott nicht erpressbar ist. Der andere soll erkennen, dass Gott auch am Gegenteil von Liebe erfahren werden kann. Diese widersprüchliche Konstellation bringt beiden einen Zuwachs an Liebe.

Auch die anderen Ebenen des Lebens, wie zum Beispiel die Tiere, sind in die Bewältigung der karmischen Aufgaben einbezogen. Das ist so zu verstehen, dass die Tiere Menschen zugeordnet werden, damit die Menschen lernen, dass Tiere beseelte Wesen sind, die fühlen und lieben. Und die Menschen sollen den Tieren zeigen, dass sie vor Menschen keine Angst haben müssen. Denn viele Tiere, die uns umgeben, waren in einem früheren Leben Menschen, die Menschen oder Tiere vorsätzlich getötet haben. Dazu gehören Arbeiter in Schlachthöfen, Mörder, aber auch Richter, die eine Todesstrafe verhängten. Das solltet ihr wissen, dass Gott das nicht duldet. Auch diejenigen, die Waffen produzieren und diese zur Tötung von Menschen einsetzen, werden ihr nächstes Leben auf der Erde als Tier durchleben müssen. Gott duldet nichts, aber auch gar nichts, was zur vorzeitigen Beendigung des Lebens getan wird. Auch diejenigen, die sich die Finger nicht schmutzig machen, werden dieses Schicksal erdulden müssen.

Was der Verlängerung des Lebens in Gesundheit und Glück dient, das ist bei Gott als dienende Tat anerkannt. Dazu gehören die Reanimation, die Organspende, auch die Bluttransfusion und die medizinische Forschung an Stammzellen. Dazu darf es keine Behinderungen von Behörden geben.

Das ganze System des Gesundheitswesens muss frei gemacht werden von der Geldgier, denn so, wie es jetzt ist, kann es nicht bleiben. Viele Menschen können nicht versorgt werden. Diejenigen, die viel unverdientes Geld haben, werden bevorzugt, und die Gefahr des Tötens durch Behandlungsfehler steigt. Die Menschen versuchen, durch andere Methoden Heilung zu finden, und stoßen dabei auf noch geldgierigere Menschen, die sie zwar von ihrem Geld befreien, aber nicht von ihren Leiden. Auch die dubiosen Anbieter von falscher Medizin haben hier ihre dummen Schafe gefunden.

Auch die Wissenschaft muss sich aus der Abhängigkeit der Geldgeber befreien. Ihre Bezahlung muss aus den Abgaben der Menschen erfolgen. Es gibt bereits so viele gute Erkenntnisse, die der Heilung dienen, aber ganz bewusst unterdrückt werden, weil sie das Geld der Besitzer dieser Betriebe reduzieren.

In allen anderen weiteren Dingen des Lebens wird Gott den Menschen zur Seite stehen, weil jeder Mensch ein geliebtes Kind Gottes ist. Das ist ein göttliches Gesetz, das euch die Sicherheit für ein langes Leben in Frieden und Glück bietet.

Frage an Gott: Laden die Menschen, wenn sie ihre kranken Tiere einschläfern lassen, Schuld auf sich? Gott antwortet: *„Das ist eine gute Maßnahme, weil es den Tieren viel Leid erspart. Da die Tiere in ihrem Leben kein Karma bilden können, da sie nichts Böses tun können, müssen sie auch nicht wie bei den Menschen die Schmerzen als Teil der Karmabewältigung aushalten."*

Das Leben – die Verbindung zu allen Seelen

Das Leben der Menschen ist nicht isoliert von den Seelen der anderen Menschen. Im Gegenteil, die Verbindung ist so eng, dass kein Mensch ohne die anderen Menschen lebensfähig wäre. Das ist eine Binsenweisheit. Nur vergessen das viele, wenn sie sich in ihr Schneckenhaus zurückziehen, um in Ruhe gelassen zu werden. Diese Individualisierung, wie wir sie beobachten können, hat natürlich Ursachen. Die erste Ursache besteht darin, dass viele Menschen mit dem Verhalten der vielen anderen Menschen nicht einverstanden sind. Und da jeder die Möglichkeit hat sich zurückzuziehen, muss man es sich nicht antun, das Verhalten dieser Menschen zu ertragen. Die zweite Ursache besteht darin, dass sich die Menschen alles kaufen können, was sie zum Leben brauchen. Keiner muss die Dinge selbst produzieren, was dann bedeuten würde, mit anderen Menschen Verbindung aufnehmen zu müssen. Und drittens ist der größte Teil der Menschen nicht mit der Politik der Herrschenden einverstanden, was diese nicht daran hindert, aus den Minderheiten Mehrheiten zu zaubern.

Trotzdem gibt es eine Verbindung, die alle vereint. Das ist die Seelenverbindung, die sich aus dem Leben selbst ergibt.

Jeder Mensch trägt in sich den Willen zum Überleben. Das ist eine starke verbindende Kraft, aus der sich die Hilfsbereitschaft speist, wenn sich Menschen in Gefahr oder in Not befinden. Das ist die angeborene Liebe der Menschen zueinander. Es gibt keine stärkere Kraft als diese. Auch wenn ich mit meinem Nachbarn im Streit liege oder ich mit den Meinungen anderer nicht einverstanden bin, hindert mich das nicht daran, ihnen zu helfen, wenn sie sich in Gefahr befinden. Dieses Überlebensgen hat Gott in jeden Menschen eingepflanzt, um zu verhindern, dass die Menschheit sich selbst ausrottet. Trotzdem ist die Gefahr der Ausrottung sehr stark angewachsen. Deshalb macht Gott mit diesen Botschaften die Menschen auf diese Gefahr aufmerksam und ruft dazu auf, sich in Liebe zu vereinen.

Was hat das Leben mit der Seele der anderen Menschen gemeinsam? Die Seelen aller Menschen stehen untereinander in Verbindung. Das ergibt sich aus der Natur der Seelen als eine göttliche Frequenz. Diese zarten Schwingungen durchdringen das gesamte Universum und stellen somit ein Informationssystem dar, wo jede Seele alles von den anderen Seelen weiß. Damit wird der Individualismus des Geistes der einzelnen Menschen durchbrochen und ein Schutz für alle Menschen gewährleistet. Davon spürt der einzelne Mensch nichts, aber er kann sich darauf mehr verlassen als auf seinen Individualismus.

Wie funktioniert diese Verbindung? Die Seele eines Menschen ist zum Beispiel durch Krankheiten stark belastet. Da alle Seelen untereinander in Verbindung stehen, werden sie über Art und Umfang informiert. Das ist für alle Seelen eine Gefahrenmeldung, die den Schutz aller Seelen gewährleisten kann. Denn diese Meldung kann die Seele auch an den Geist weiter geben, der sich unbewusst anders verhält, als wenn er die Meldung nicht erhalten hätte. Auch das wird vom Bewusstsein nicht registriert. Das Leben stellt somit eine Seelengemeinschaft aller Menschen des Universums dar.

Wie klein ist deshalb das Denken der Menschen, die glauben, sich allein am Leben erhalten zu können. Wenn Gott ein solches System erschaffen hat, dann mit Sicherheit nicht, um den Individualismus, sondern die Verantwortung des Einzelnen für sein gesamtes Umfeld zu fördern.

Das Leben – eine Verbindung zu Gott

Das Leben ist die wichtigste Verbindung des Menschen zu Gott. Nur wenn der Mensch lebt, kann er diese Verbindung bewusst gestalten. Im Jenseits ist das nicht möglich, weil dann der Mensch als Seele keinen freien Willen mehr hat, um sich mit Gott verbinden zu können. Deshalb ist die Bindung an Gott nur durch das Leben möglich. Auch die Tiere haben diese Bindung an Gott. Da sie aber auch keinen freien Willen haben, ist diese Bindung nur von Gott aus zu gestalten. Das Leben ist eine einzigartige Möglichkeit, mit dem in Verbindung zu treten, der alles geschaffen hat, mit Gott selbst. Wer diese Möglichkeit nicht nutzen will, vergibt sich alle Chancen, ein Leben in Glück und Frieden bei voller Gesundheit führen zu können. Deshalb ruft Gott alle Menschen auf, ja zu sagen zu dem, der sie geschaffen hat.

Wir sehen aber auch, dass viele von dieser Möglichkeit keinen Gebrauch machen wollen, weil sie nicht an Gott glauben und meinen, dass Gott nicht der sein kann, der ihnen hilft. Sie spüren das Fehlen Gottes in ihrem Leben auch nicht körperlich, weil Gott ihnen deshalb keine Schmerzen zufügt. Aber wer sich den Geboten Gottes und dem Gebet Gottes verweigert, bewegt sich außerhalb der göttlichen

Gesetze. Aber dann kann Gott auch nicht eingreifen, wenn die Belastungen zunehmen und nach Gott gerufen wird. Dann muss der Mensch das Leben leben, das er sich selbst gewählt hat. Das wird immer so sein. Gott ist gerecht und Gott macht keine Ausnahmen. Gott ist nicht erpressbar, und mit Gott kann auch keiner handeln. Deshalb ist der auf der sicheren Seite, der sich mit Gott verbindet. Dazu ist es nie zu spät. Und Gott wird auch keinen zurückweisen, wenn er erst im hohen Alter Gott finden möchte, nachdem er ein würdeloses Leben gelebt hat. Gott liebt seine Kinder. Aber nicht alle werden deshalb von ihren Schulden befreit, vor allem wenn sie Kinder Gottes getötet haben. Das kann Gott nicht verzeihen. Aber auch diesen gibt Gott eine Chance, sich in einem neuen Leben vollkommen zu reinigen.

Wir sehen also, dass Gott allen Menschen ein vollkommenes Leben in voller Verantwortung für sich selbst geschenkt hat. Das solltet ihr zu schätzen wissen.

Das Fenster des Universums
Die Erde als Auge des Universums

In diesem Abschnitt wird euch Gott erklären, warum die Erde eine besondere Aufgabe hat als „Auge des Universums".

Das Universum ist unendlich, aber eingeteilt in endliche Abschnitte, damit eine übersichtliche Struktur entstehen kann, die auch von den Wächtern des Universums beobachtet werden können. Diese Struktur ist eine energetische Verbindung zwischen den vielen Planeten. Die Erde ist ebenfalls in eine solche Struktur eingegliedert. Das ist für euch nicht weiter interessant, weil ihr das nicht unbedingt wissen müsst, um euer tägliches Leben gestalten zu können. Aber für Gott und die Helfer Gottes, die in diesem System ihre speziellen Aufgaben haben, ist es eine unabdingbare Realität, um die gesamte Struktur leiten zu können.

Die Erde gehört zu einem Zentrum der Augen des Universums. Das bedeutet, dass von der Erde aus viele höher laufende Augen auf andere Strukturen gerichtet sind. Was sind das für Augen? Als Auge bezeichnet Gott alle Planeten, die andere Strukturen zu beobachten haben. Die Erde befindet sich als Zentrum der ersten Struktur in der Mitte dieses Systems. Das bedeutet, dass von der Erde aus alle anderen Strukturen beobachtet werden, um die Verbindung zum gesamten System zu gewährleisten. Es ist also so, um das verständlich zu machen, dass die Erde eine Art Regierungssitz ist. Deshalb bemühen sich die Wächter des Universums gerade so intensiv um die Erde, damit sie so erhalten bleibt, wie Gott sie geschaffen hat. Die Erde hat dazu die besten Voraussetzungen. Die Erde ist ein stabiler Planet, dem im Umkreis von Millionen Lichtjahren keine Gefahr droht, zerstört zu werden. Das ist für die Stabilität der Struktur wichtig. Die Erde trägt in sich eine feste materielle Substanz, die nicht droht auseinander zu brechen. Und letztendlich ist die Erde ein bewohnter Planet, deren

Menschen sich als Träger von Informationen besonders gut eignen. Auch das ist für den einzelnen Menschen kein notwendiges Wissen, aber für die Wächter des Universums die Garantie für ihre Einflussnahme auf das gesamte System.

Wie sieht das nun ganz konkret aus? Die Wächter des Universums, das sind die Söhne und Töchter Gottes auf den bewohnten Planeten, erkennen zum Beispiel, dass sich irgendwo im Universum eine neue Galaxie mit einer Vielzahl von Planeten bildet, die vorerst alle ohne Leben sind. Die Wächter des Universums informieren darüber das Zentrum des Universums, das heißt Gott und die Erde. Auf der Erde befinden sich mehrere Wächter des Universums, die diese Informationen sammeln und an die einzelnen Systeme weiterleiten. Jetzt taucht natürlich die Frage auf, wer sind neben Jesus noch die Söhne und Töchter Gottes auf der Erde, die diese Art universelle Regierung bilden. Das sind, wie auch Jesus selbst, Frequenzen mit speziellen Aufgaben. Da sie keine Namen haben, können sie auch nicht gerufen werden, wie zum Beispiel Jesus, der keine dieser Aufgaben hat. Jesus ist für die Erde zuständig und nicht für das Universum. Diese Wächter haben dann die Vorbereitungen zu treffen für das Entstehen von Leben auf einem von diesen Planeten. Das ist eine Aufgabe, die sehr viel Wissen erfordert. Denn davon ist abhängig, ob auch menschliches Leben möglich ist. Wenn das gesichert ist, dann haben alle Planeten ihre speziellen Aufgaben zu erledigen. Wie bereits in dem Kapitel „Die Wirkung der Erde auf die Galaxie" dargelegt, hat die Erde die Aufgabe, die Planeten mit Sauerstoff zu versorgen. Das wird dann verbindlich geregelt.

Andererseits sterben auch Galaxien und damit stirbt auch alles Leben auf dem Planeten, der bisher versorgt wurde. Dann ist ein Sohn oder eine Tochter Gottes ohne Aufgabe. Diese bekommen dann von Gott einen neuen bewohnten Planeten zugeteilt. Gleichzeitig muss ein anderer Planet die Aufgabe übernehmen, die der gestorbene Planet zur Versorgung aller Planeten innehatte. Auch das muss von den Wächtern auf der Erde abgearbeitet werden.

Das ist jetzt etwas viel für all die vielen Wissenschaftler, die sich von der Erde aus mit der Erforschung des Universums beschäftigen, da sie keine Möglichkeit haben, hinter diese Zusammenhänge zu kommen. Das ist aber auch nicht wichtig für sie, da sie das alles auch nicht steuern und beeinflussen können. Und das ist auch gut so, denn das ganze System ist von Vernunft und Wissen gelenkt. Der Mensch könnte mit seiner Unvernunft alles nur durcheinander bringen.

Die weiteren Aufgaben der Wächter des Universums bestehen in der Sicherung der indirekten Beziehungen zwischen den Planeten. Das ist die Aufrechterhaltung der gegenseitigen Informationsverbindungen. Diese werden aktiviert, wenn ein Planet in Schwierigkeiten kommt. Welche Schwierigkeiten können das sein? Nun, das Problem Erde ist Anschauung genug. Aber auch auf anderen Planeten gibt es solche Probleme, wo bestimmte Gruppen dabei sind, Machtstrukturen zu errichten, die die Versorgung der anderen Planeten gefährden könnten. Die Wächter des Universums informieren darüber Gott, und Gott entscheidet, ob es notwendig ist, bestimmte Maßnahmen zu ergreifen.

Wir sehen also, dass es über den Horizont der Erde hinaus ganz andere Dimensionen an Aufgaben zu bewältigen gilt. Das wollte Gott euch damit erklären.

Die Erde und die Verbindung zu Gott

Die Verbindung zu Gott, das müssten jetzt alle schon verstanden haben, ergibt sich schon aus der Tatsache, dass die Erde als geschlossenes und eigenständiges System eine Seele hat, über die eine ständige Kommunikation mit Gott gegeben ist. Aber das ist noch nicht alles. Die Verbindung zu Gott ist eine aurale Verbindung. Das heißt, dass die Erde nicht nur eine Seele hat, sondern auch eine Aura. Die Aura eines Wesens ist sein Energiekörper, der das ganze Wesen wie einen Schutzschild umhüllt. Er garantiert, dass andere Frequenzen nicht ohne Erlaubnis eindringen dürfen. Die Aura der Erde ist direkt mit Gott verbunden, so dass alles, was auf der Erde geschieht, sofort an Gott weitergeleitet wird.

Wir können das an einem Beispiel erklären. Auf der Erde bricht eine akute Hungersnot aus. Das betrifft tausende Menschen, aber vor allem Kinder. Das bekommt Gott über die aurale Frequenz der Erde mitgeteilt. Was macht Gott? Schickt Gott jetzt Lebensmittel? Das geht nicht, weil die Gesetze der Erde das nicht zulassen, dass Gott wie bei Jesus Manna regnen lässt. Das war eine andere Situation, auch eine andere Größenordnung, aber auch keine Zauberei. Gott konnte das erlauben, weil Jesus Energien materialisieren konnte. Jetzt müssen andere Maßnahmen ergriffen werden. Gott sendet die Helfer Gottes auf die Erde, die an den entscheidenden Stellen Menschen zur Seite stehen und sie führen. Das geht, wie wir wissen, nicht reibungslos vonstatten, weil der Hunger keine Naturkatastrophe ist, sondern von solchen Menschen verursacht ist, die daran verdienen wollen. Gott kann jetzt die Kräfte, die sich um die Versorgung bemühen, unterstützen und ihnen den Zugang zu den geeigneten Stellen frei machen, damit die Versorgung trotz aller Widerstände gewährleistet werden kann. Das spüren diese Kräfte nicht. Sie merken nur, dass sie erfolgreich sind. Natürlich kann das jetzt jeder interpretieren wie er will, aber Gott lässt die Kinder Gottes nicht sterben, wenn sie in Not sind.

Ein anderes aktuelles Beispiel sei noch angefügt. Da gibt es zwischen zwei kleinen Völkern einen Konflikt, der sogar so weit eskaliert, dass die eine Seite droht Atomwaffen einzusetzen. Das ist eine Situation, wo bei den Verantwortlichen die Vernunft und der Verstand völlig ausgeschaltet sind. Welche Folgen die Verwirklichung dieses Vorhabens für die gesamte Menschheit und die Atmosphäre gehabt hätten, haben diese Wahnsinnigen nicht bedacht. Hier musste Gott einschreiten. Was hat Gott gemacht? Gott hat auch hier Helfer Gottes zu den Verantwortlichen geschickt und deren Geist mit Vernunft aktiviert, so dass dieser Konflikt entschärft wurde. Gott wird es nicht zulassen, dass die Schöpfung Gottes zerstört wird.[4]

Aber an diesem Beispiel wird deutlich, wie gefährdet das ganze System Erde ist. Deutlich wird aber auch, wie wenig

---

4   Gott spielt hier auf den Konflikt zwischen Nord-und Südkorea im Frühjahr 2013 an.

die Menschen selbst tun, um ihre Erde zu retten. Und das ist genau der Punkt, weshalb es diese enge Verbindung zwischen der Aura der Erde und Gott geben muss. Immer wieder kann euch Gott nur zurufen: Rettet eure Erde und fangt endlich an, diese verantwortungslosen Helfer der Mächte der Finsternis aus ihren Ämtern zu jagen. Gott wird euch schützen und führen, wenn ihr dazu bereit seid.

Die Erde und ihre Verantwortung für das Universum

Diese Frage hat Gott bereits an anderer Stelle ausführlich besprochen. Deshalb geht es hier um einen anderen Zusammenhang, der bisher unberücksichtigt geblieben ist.

Die Erde ist einer unter vielen bewohnten Planeten. Das bedeutet, dass ihr nicht allein seid, auch wenn ihr bisher keinen Kontakt mit Menschen anderer Planeten hattet. Das wird auch noch eine ganze Zeit so sein. Solange dürft ihr euren Fantasien noch freien Lauf lassen. Nur eines solltet ihr dabei berücksichtigen: Die Menschen auf den anderen Planeten sind nicht eure Feinde und haben auch nicht die Absicht, die Erde zu zerstören. Alles was da bei euch an Vorstellungen besteht, sind eure eigenen schlechten Gedanken, die ihr auf das Universum übertragen wollt.

Ändert deshalb euer Denken und sendet allen Menschen im Universum Gedanken des Frieden und des Glücks.

Aber das ist nur die eine Seite. Eine andere ist die Wirkung der Erde auf alle anderen Planeten, und diese Wirkung solltet ihr nicht unterschätzen. Auch wenn ihr davon nichts merkt, gehen von der Erde Signale aus, die auf den anderen Planeten Auswirkungen haben, die sowohl nützlich als auch schädlich sind. Die nützliche Funktion besteht in der Bereitstellung von Sauerstoff, die schädliche in der Zerstörung der Atmosphäre durch hochfrequente Strahlen. Das haben wir schon an anderer Stelle erläutert. Aber die eigentliche Wirkung der Erde besteht in der Informationsgebung an die anderen Planeten. Diese Informationen beinhalten die vielen tausend Verbindungen der Menschen untereinander, die dort im Unterbewusstsein aufgenommen werden. Umgekehrt ist das nicht so, weil die Menschen auf den anderen Planeten keinen freien Willen haben und deshalb ihr Leben auch nicht frei gestalten können. Sie können sich nicht umbringen und auch sonst nichts Böses tun. Das soll auch so bleiben. Die Einschränkung des Willens ist aber nicht das, was Gott will. Deshalb werden die Erfahrungen der Menschen an sie weiter gegeben und zu einem bestimmten Zeitpunkt schrittweise aktiviert. Wann das sein wird, hängt wiederum von den Menschen der Erde ab. Erst wenn der freie Wille der Menschen dazu genutzt wird, Frieden und Glück für alle zu ermöglichen, dann ist dieses Experiment auch erfolgreich abgeschlossen. Zur Zeit kann das, was an Informationen an das Unterbewusstsein der Menschen auf den anderen Planeten gesendet wird, nicht aktiviert werden, weil diese Informationen auch all das beinhalten, was als Missbrauch angesehen werden muss. Erst wenn diese Situation auf der Erde bereinigt ist, kann auch dort das Unterbewusstsein aktiviert werden. Und wenn das erfolgt ist, wird Gott auch die Verbindung zwischen den Planeten ermöglichen, weil dann der freie Wille die Grundlage für ein friedliches Zusammenwirken der Menschen auf allen Planeten ist. Aber auch dann wird es nicht möglich sein, dass sich die Menschen auf den unterschiedlichen Planeten gegenseitig besuchen können. Die Entfernungen sind zu groß. Aber das ist nicht der einzige Grund. Die Lebensbedingungen sind zu unterschiedlich. Die Menschen der Erde könnten zum Beispiel nicht auf dem Planeten Dawe leben, da die Menschen dort Kohlendioxyd einatmen. Und die Menschen auf dem Planeten Calysto könnten nicht auf der Erde leben, weil sie das Wasser nicht vertragen würden. Die Besuche sind auch nicht notwendig, weil sie keinem einen wirklichen

Nutzen brächten. Alles, was die Menschen gegenseitig lernen können, wird über Informationen mitgeteilt.

Wenn ein solcher Zustand erreicht ist, kommt es zu einem wahren Erblühen des gesamten Universums.

Die Geschichte der Erde

Dieser Abschnitt wird euch aufklären, woher ihr kommt und wer eure Vorfahren sind.

Die ersten Populationen der Erde

Die Erde ist ein Ableger der Sonne. Das ist eine Annahme, die auch Gott nicht beweisen kann, weil es ein Ereignis ist, das plötzlich eintritt und von Gott nicht beeinflusst werden kann. Aber die Zusammensetzung der Erde spricht dafür. Die Sonne war ein wirklicher riesiger Gasballon, der sich im Laufe der Zeit abkühlte und Masse abgab. Aus dieser Masse entstanden die Planeten[5] in den Entfernungen zur Sonne, wie sie annähernd heute noch sind. Das hat sich lediglich bei der Erde verändert, als durch einen Asteroideneinschlag ein Teil der Erde herausgesprengt wurde und der Mond entstand. Der Einschlag bewirkte, dass die Erde weiter von der Sonne abgedrängt wurde. Dadurch entstanden solche Bedingungen, die Leben ermöglichten. Dieses Leben bildete sich über einen langen Zeitraum aus Einzellern heraus, so dass sich schließlich auch Pflanzen, Tiere und Menschen entwickeln konnten. Der Sauerstoff und das Wasser, was zum Leben notwendig war, kamen nicht von anderen Planeten, sondern waren Teil der Sonnenmasse. Die Population, die nun entstand, hat sich sehr schnell über die Erde ausgebreitet und die Landflächen besiedelt.

Die erste zusammenhängende Population erschien auf der Erde auf einer Halbinsel vor Afrika. Die Menschen dort hatten einen sehr hohen Entwicklungsstand erreicht, denn sie waren in der Lage, Flugobjekte zu bauen, mit denen sie über die Kontinente fliegen konnten. Als Antrieb nahmen

---

[5] Gott sagt, dass die Planeten vor drei Milliarden Jahren entstanden wären und nicht vor 4,5 Milliarden Jahren, wie es die Wissenschaft behauptet. Unsere Messmethoden wären veraltet. Der Asteroid traf die Erde seitlich. Er verschwand wieder in der Galaxie. Die Monde anderer Planeten wären ebenfalls durch Kollisionen entstanden, nur wurden einige Asteroiden ebenfalls zu Monden dieser Planeten.

sie das Licht. Dieses Wissen haben sie mitgenommen, als sie die Erde verlassen mussten. Sie konnten den Himmel beobachten und erkannten, dass ein riesiger Meteorit auf die Erde zukam. Um ihrer Vernichtung zu entgehen, haben sie alles in die Flugobjekte geladen und versucht, die Galaxie zu verlassen. Aber sie unterschätzten die Dimensionen und kamen alle um. Das waren ungefähr 700.000 Menschen. Sie lebten ungefähr 7.000 Jahre auf der Erde. Der Meteorit hat alles Leben und die Lebensbedingungen auf der Erde ausgelöscht, auch die Siedlungen außerhalb der Halbinsel. Ihr könnt ihre Spuren heute noch erkennen an den Landebahnen ihrer Flugapparate in Amerika. Das ist aber auch alles, was von ihnen übrig geblieben ist.

Diese spärliche Information baute nun einen Berg von Fragen auf. Auf meine Fragen dazu antwortete Gott: *„Die geringe Anzahl von Menschen in dieser Population über einen Zeitraum von siebentausend Jahren resultierte aus der hohen Sterblichkeit. Diese Menschen waren zwar sehr klug, aber sie waren nicht widerstandsfähig gegen die Umweltgifte und die Tiere, die viel größer als die Menschen waren und diese jagten. Ihre Flugobjekte bauten sie in Höhlen, sie lebten auch unterirdisch, weil es ihnen durch die Stürme nicht möglich war, auf der Erdoberfläche zu leben. Ihre*

Flugobjekte waren riesige raketenförmige Gebilde, die sie überall hin transportieren konnten und auch vielen Menschen Platz boten. Von dem Zeitpunkt an, als sie erkannten, dass der Meteoriteneinschlag unausweichlich kommt, wurden über mehrere Jahre nur noch Flugobjekte gebaut."

Frage: Es scheint uns unmöglich, die gesamte Population in Flugobjekten in die Galaxie zu schicken.

Gott: *„Das waren auch nur wenige Tausende. In der Zeit seit dem Erkennen der Lebensbedrohung entbrannte ein Lebenskampf unter den Menschen. Es wussten erst wenige von dieser Gefahr. Diese wollten das Wissen geheim halten. Doch als deren Aktivitäten zum Bau größerer Flugobjekte bekannt wurden, kam es zu Kämpfen. Diese führten fast zur Selbstvernichtung der gesamten Population. Dann wurden die ersten Flugobjekte mit Ausrüstungen und Lebensmitteln gestartet. Diesen folgten Flugobjekte mit Menschen. Es musste dann immer wieder Licht in großen Mengen verdichtet und gespeichert werden. Die Anlagen dazu wurden abgebaut und ebenfalls in Flugobjekte verladen. Der Einschlag des Kometen mit dieser gewaltigen Kraft geschah früher als errechnet, da die Geschwindigkeit durch die Gravitation überdimensional zunahm. Außerdem behinderten die* *gewaltigen Stürme, die dem Einschlag voraus gingen, die Evakuierung der restlichen Population. Alles was sich im unmittelbaren Umfeld des Einschlages befand, wurde ins All geschleudert."*

Kann ich mit einer Seele dieser Population sprechen?

„Das ist nicht möglich, da diese Seelen alle im Reich der Finsternis sind. Alle diese Menschen haben ihr Leben nicht im göttlichen Sinne gelebt. Sie waren Kannibalen, die Menschen gegessen haben. Auch haben sie die älteren Menschen, wenn sie nicht mehr arbeiten und sich selbst ernähren konnten, erschlagen. Das steht nicht im Widerspruch zu ihrer hohen Intelligenz. Es war eine Gesellschaft, wie sie sich auf der Grundlage des Überlebenskampfes entwickelte. Die Bedingungen waren hart und der Platz zum Leben gering. Die Lebensmittel waren als Pflanzennahrung spärlich."

Woher hatten sie aber das Wissen der Lichtkomprimierung?

„Das haben sie sich erarbeitet, so wie viele Menschen auf den anderen Planeten dieses Wissen haben. Dieses Prinzip ist sehr einfach und sehr effektiv. Ebenfalls geschah die Metallgewinnung und Metallbearbeitung mit Aggregaten, die mit Licht angetrieben wurden. Eine andere Energiequelle stand auch nicht zur Verfügung."

In der Nummer 184 der Zeitschrift „Raum und Zeit" ist ein Beitrag über Pyramiden in Bosnien veröffentlicht. Ich fragte Gott, wie diese Pyramiden entstanden sind. Gott antwortet:

„Das sind Bauten der ersten Population. Diese Pyramiden waren keine Grabmale wie in Ägypten, sondern dienten der Lichtverdichtung. Dazu wurden Steinplatten aufeinander geschichtet mit Hebegeräten. An der Spitze war ein Detonationsmotor, der das Licht komprimierte und in unterirdische Speicher leitete. Dieses Pyramidensystem ist mit anderen Systemen vernetzt gewesen. Dadurch konnte Energie übertragen werden durch Überenergie, die sich verstärkt je weiter sie sich entfernt.

Die Energie, die unterirdisch Heilung bewirkte, ist eine verdichtete Energie, die in diesem Tunnel stabil bleibt. Diese Energie orientiert sich an der Matrix der Wesen und bringt diese wieder in die ursprüngliche Ordnung. Die Erbauer dieses Systems hatten allerdings nicht die Absicht, damit Menschen zu heilen, sondern Energie immer weiter zu verdichten. Die Geräte dazu wurden abgebaut, als die Evakuierung begann. Das Wasser diente der Kühlung der Verdichter.

Diese Population in Bosnien war wie auch andere

Populationen in Amerika viel kleiner als diejenige vor Afrika. Sie pflegten auch untereinander keine Verbindung in Form einer Vereinigung. Als der Meteoriteneinschlag drohte, haben sie sich sogar bekämpft. Jede kämpfte um die Flugobjekte der anderen Population."

Warum hat zu dieser Zeit kein Sohn Gottes auf der Erde gewirkt?

„Das war von Gott nicht gewollt, weil diese Menschen nicht wie Menschen leben wollten, sondern nur den Überlebenskampf jeder gegen jeden führten. Sie haben ihr hohes Wissen nicht zur Vervollkommnung eines guten Herzens genutzt. Die Flugapparate brauchten sie zum Transport von Nahrung. Es gab keine Straßen. Alles war Wüste oder dicht bewaldet. Die sehr hohen und sehr niedrigen Temperaturen erlaubten ihnen kein Leben im Freien."

Durch den Meteoriteneinschlag hat sich die Erde noch weiter von der Sonne entfernt. Das führte zu noch besseren Bedingungen für die Entstehung von Leben. Dieses Leben entwickelte sich, nachdem die Erdatmosphäre wieder vom Sonnenlicht durchdrungen wurde und die Erdoberfläche erreichte. Bis dahin hatte ein dichter Staubring die Erdoberfläche total verdunkelt. Das dauerte mehrere Tausend

Jahre. Dann entstanden wieder die Einzeller. Einige davon hatten überlebt, da sie ihr System anaerob verstoffwechselten. Jetzt aber kam die Hilfe der anderen Planeten, die der Erde den Sauerstoff und den Wasserstoff brachten, ebenso alle Mineralien, die zur Entstehung höherer Lebensformen benötigt wurden.

Die nächste Population, die entstand, war die Population der Atlanter (vor ungefähr 20.000 Jahren). Sie bewohnten eine Halbinsel am äußersten Rand des Mittelmeeres am Durchbruch auf der heutigen Seite von Guinea. Das ist heute nicht mehr auffindbar, da durch die Wüstenbildung dieser Durchbruch verschüttet wurde. Die Atlanter hatten eine hohe Kultur und entwickelten eine eigene Schrift. Sie erkannten bereits ihre Bindung an einen Schöpfer, ohne aber diesen Schöpfer als Gott erkannt zu haben. Auch ihre Lebensweise war sehr naturverbunden. Sie ernährten sich von Pflanzen, aber zum größten Teil von Fischen, die es in großen Mengen gab. Ihre Augen waren braun und ihre Haare schwarz. Ihr Wuchs war klein. Sie erreichten eine Körpergröße von einem Meter und vierzig Zentimeter. Das war schon sehr groß im Vergleich zu den Menschen vor ihnen. Ihre technische Entwicklung erreichte aber nicht annähernd das Niveau ihrer Vorgänger. Sie beherrschten das Feuer und konnten Metalle schmieden. Zu dieser Population zählten ungefähr 200.000 Menschen. Die Männer wählten einen König, den sie Kali nannten. Das bedeutete großer Mann. Um die Macht gab es aber auch Grabenkämpfe, die oft sehr blutig endeten.

Ihre Entwicklung wurde jäh unterbrochen, als durch einen Vulkanausbruch, der mit einem gewaltigen Erdbeben einherging (vor ungefähr vierzehntausend Jahren) die Halbinsel vom Festland getrennt und dann vollständig zerstört wurde. Einigen Bewohnern, die sich zu diesem Zeitpunkt auf dem Meer befanden, gelang die Flucht. Ihnen ist es zu verdanken, dass einiges von ihrer Existenz als Wissen erhalten geblieben ist.

Die nächste Population war die der Abrasier (vor ungefähr 18.000 Jahren). (Gott sagt auf meine Nachfrage, dass diese nicht identisch sei mit den Abchasiern von der Ostküste des Schwarzen Meeres). Sie lebten am Mittelmeer in der Gegend der heutigen Westtürkei. Die Bevölkerung war gering, aber weit entwickelt. Sie bauten Häuser aus Stein und konnten auch Metalle schmelzen. Sie hatten bereits Schulen, wo sie ihren Kindern die Mathematik beibrachten. Ihre Bindung an Gott war noch nicht gegeben. Sie verehrten Götter der Fruchtbarkeit und des Wachstums. Ihre Population versank im Meer nach einem Erdbeben. Viele ihrer Bewohner konnten sich retten und bildeten in der heutigen Türkei kleinere Populationen.

Die nächste größere Population bildete sich in Afrika in der heutigen Äquatorzone (ebenfalls vor ungefähr 18.000 Jahren). Dort waren die Lebensbedingungen günstig, weil alles im Überfluss da war. Diese Menschen waren sehr klug und beherrschten ebenfalls die Metallbearbeitung. Von dieser Population aus wurde ganz Afrika besiedelt bis ins heutige Ägypten.

Weitere Populationen entstanden in Indien, in China und in Mittelamerika. Von da aus begann die Besiedlung der gesamten Erde. Die Menschen befreiten sich allmählich von der reinen Mund-zu-Mund-Ernährung und begannen Pflanzen anzubauen. Das war ein großer Fortschritt, da dadurch auch Zeiten des Hungers überbrückt werden konnten. Die Sterblichkeit sank und die Anzahl der Menschen nahm zu. Die einzelnen Zentren entwickelten sich zu Hochkulturen, vor allem in Ägypten. Von da ab können wir von einer Entwicklung der Menschen sprechen, wie wir sie heute erleben. Das begann vor ungefähr 6000 Jahren, als die Menschen der Erde ihr Leben bewusst gestalteten und sich in Staaten organisierten.

Die Erde als eine neue Form der Daseinsweise der Menschen

Das Wesen der Erde als göttliche Schöpfung begann mit der Herausbildung der Lebensformen, wie wir sie heute bewundern können. Die Wesen der Erde unterschieden sich von Anfang an von allen anderen Wesen auf den Planeten des Universums. Das hatte ihre Ursache darin, dass wesentlich andere Bedingungen entstanden sind, die sehr günstig waren für die Entwicklung überlebensfähiger Populationen. Die Erde war rund und hatte eine eigene starke Gravitation, so dass alles, was entstand, auch Bestand hatte und den Naturgewalten trotzen konnte. Die Erde war zur Ruhe gekommen. Die weiteren tektonischen Veränderungen verlaufen so langsam, dass sie die Entwicklung der Wesen nicht beeinflussen. Die Größe der Erde ist überschaubar und dadurch für die Menschen beherrschbar, um eine gemeinsame Verantwortung für den Planeten übernehmen zu können. Die Lebensbedingungen sind für die Ernährung aller Wesen optimal. Aber auch der Reichtum der Böden und der Gesteine gewährleistet eine technische Entwicklung in alle Richtungen. Und zuletzt sind es die Menschen selbst, die durch das göttliche Geschenk des freien Willens in die

Lage versetzt wurden, sich selbst und das ganze Universum zu verändern.

Alles das hat Gott bewirkt und damit einen Anfang gemacht für euch Menschen für ein Leben in Glück und Frieden.

Ich fragte Gott, ob es in der vergangenen Ewigkeit nicht bereits ähnliche Konstellationen gab, die das Außergewöhnliche der Entwicklung auf der Erde und des Experiments „freier Wille" doch fraglich erscheinen lassen. Gott hätte doch jederzeit die Möglichkeit zum Testen gehabt.

Gott antwortet darauf: *„Das gab es schon. Aber wir erleben immer das Jetzt und nicht die Vergangenheit. Das, was die Menschen jetzt lernen und gestalten dürfen, nährt sich aus dem riesigen Erfahrungsschatz der Dimensionen und Welten, die geboren und vergangen sind. Auch die Galaxie der Erde wird dieses Schicksal erleiden müssen. Und auch eure Erfahrungen werden in das Meer des Wissens einfließen, das an zukünftige Galaxien weiter gegeben werden kann. So wie auch alles Wissen der Menschen an die zukünftigen Generationen weiter gegeben wird, so ist das auch in der universellen Welt Gottes."*

Gott fährt fort: Die Erde ist auch noch in einer anderen Richtung Wegweiser. Das könnt ihr nicht wissen, weil es euch nicht berührt. Die Erde bekommt aus dem Universum ständig Informationen über eine ähnliche Entwicklung in einer anderen Galaxie. Das ist ein Vergleich, der beide voneinander lernen lässt. Diese fremde Galaxie der Fulworen ist die erdnächste Galaxie mit dem bewohnten Planeten Calysto. Auf diesem Planeten beginnen die Menschen einen freien Willen auszuprobieren. Das geschieht so, dass sie beginnen, eigenständig auf Anforderungen zu reagieren. Von diesem Planeten gehen neben den Informationen der Kornkreise noch technische Impulse an die Erde, die eure Wissenschaftler als neue Erkenntnisse aufnehmen. Gott überwacht den Inhalt dieser Informationen insoweit, um zu verhindern, dass damit Unvernünftiges getan oder geschaffen wird.

Das Leben auf der Erde ist ein Beispiel für Kreativität. Das ist auch ein Geschenk, das jedem Menschen gegeben wurde. Auch auf anderen Planeten gibt es viele intelligente Menschen, die Dinge geschaffen haben, die für die Erde noch unerreichbar sind. Aber diese Dinge sind nicht das Ergebnis von Kreativität, sondern von direkter Kombination vorgegebener Muster. Woher kommen diese Muster? Ebenfalls aus einer Kombination von Mustern. Das kennt ihr auch aus euren Betrieben. Die einen erfinden, die anderen montieren. Die Menschen der Erde können beides. Und auch wenn sie montieren, bleiben sie kreativ.

Wir sehen also, dass es nicht unerheblich ist für das Universum, wie sich das Leben auf der Erde entwickelt. Gott sagt euch das, damit ihr einerseits euch selbst erkennt und zum anderen diese besseren Möglichkeiten optimal nutzt.

Die Erde - ein Vielvölkerorganismus

Das ist der wahre Ausdruck für das, was noch geschehen muss, denn die Menschen leben in getrennten Nationen zusammen, aber sie bilden noch keinen Organismus. Das muss noch geschehen. Wir sehen, dass die Menschen versuchen, größere Strukturen zu bilden. Aber der Sinn dieser Strukturen liegt nicht im Wohl der Menschen, sondern dient ausschließlich der Befriedigung der Gier der Besitzenden. Wir wollen, dass sich das ändert. Gott kann dieses Streben nach immer mehr Besitz und Macht nicht als Wohltat für die Menschheit akzeptieren.

Die Menschheit steht deshalb vor einer großen Entscheidung. Entweder überlassen die Menschen den Mächten der Zerstörung die Erde oder die Mächte der Vernunft und des guten Willens retten die Erde vor der Zerstörung. Alle anderen Fragen sind dieser untergeordnet. Das wird die entscheidende Zukunftsaufgabe der Menschen sein.

Was wir gegenwärtig an unsinnigen Bewegungen auf der Erde erleben, führt von dieser Aufgabe weg. Da wird über eine Verwandlung des Bewusstseins diskutiert, die alle Menschen erfassen soll, aber keiner weiß, wie und wann das erfolgen soll. Damit werden die Menschen nur eingeschläfert. Da werden unzählige Bücher über die Situation im Universum geschrieben. Aber alle gehen an der Wahrheit vorbei, weil es nur Spekulationen sind. Die Menschen vergeuden durch das Lesen dieser Bücher wertvolle Lebenszeit und werden von der Hauptaufgabe abgelenkt. Da zeigen viele tausend Naturforscher, wie die Vegetation leidet, aber keiner hört ihnen zu, weil sie meinen, dass das alles nicht so schlimm sein wird. Und schließlich werden die Menschen täglich durch unzählige Falschmeldungen und Halbwahrheiten von den eigentlichen Aufgaben abgelenkt.

Alles das sieht Gott mit Sorge. Aber Gott vertraut den Kräften der Vernunft und will sie in ihren Bemühungen stärken, ein Übergewicht gegen alle diejenigen zu schaffen, die Verderben und Leid über die Menschheit bringen wollen.

Gott verbündet sich mit all denen, die diese Aufgabe zu ihrer Lebensaufgabe machen.

Nachwort

Ihr habt nun Gottes Wort gelesen.

Das, was Gott für euch bestimmt hat, ist das Beste, was Gott euch schenken kann. Es ist die Liebe zu allen Menschen eurer Erde, ganz gleich, ob sie Gutes oder Böses tun. Nur durch Gottes Liebe haben alle Menschen die Möglichkeit umzukehren und eure Erde zu retten.

Wer Gott ruft, dem steht Gott bei, immer und überall.

Gott ist bei euch. Gott wird euch führen.

Das ist Gottes Wille.

Die geistige Welt dichtet weiter

Lebara am 19.05.2013. Ich bin eine kleine Blumenfee, die euch den Weg zu den Wundern Gottes zeigt.

Die Blumen

Auf weiten Feldern blühen Blumen,
die auch euer Herz erfreun,
möchten jedes Menschen Freund sein
und des Gottes heller Schein.

Auch die Rose lasst erblühen,
sie säumt eures Lebens Bahn.
Wenn sie welkt, dann lasst sie leben.
Sie erblühet noch einmal.

Von den Blumen sollt ihr lernen,
wie die Mutter der Natur
euch mit ihren Gaben tröstet,
wenn ihr findet keine Ruh.

Jetzt folgt dem Schöpfer,
der das Wunder der Natur euch übergab,
und sei der Helfer seiner Güte
überall auf eurem Pfad.

19.05.2013 Dorides – ein Helfer Gottes. Dorides war einer der drei Weisen aus dem Morgenlande und ein Lehrer von Jesus während seiner Lehrzeit in Ägypten.

Der treue Diener

Es war einmal ein treuer Diener in einem vielgelobten Gebäude. Er versorgte seine Herrschaft mit allen Annehmlichkeiten, die ihm aufgetragen wurden zu tun. Auch die Kinder der Herrschaft erzog er zu Fleiß und Anstand in allen Dingen, so dass der Ruf des Hauses weithin gerühmt wurde. Der Herr des Hauses war aber sehr jähzornig und verzieh keinen einzigen Fehler. Als nun einmal der Diener auf dem Weg nach Hause eine Flasche mit kostbarem Wein verloren hatte, verlor der Herr die Beherrschung und schlug dem Diener mit der Faust ins Gesicht, so dass dieser stürzte und sich am Kopf verletzte. Der Herr war darüber sehr bestürzt und wollte dem Diener aufhelfen. Aber der Diener wehrte ab und erhob sich aus eigener Kraft. Das machte den Herrn aber wiederum zornig, und er schlug den Diener erneut zu Boden. Auch diesmal nahm der Diener keine Hilfe seines Herrn an und sagte: „Wenn der Herr dem Diener dient, dann gäbe es keinen Unterschied mehr zwischen der Dienerschaft und der Herrschaft." Das überzeugte den Herrn, und er versprach, seine Diener nie mehr zu schlagen. Aber die Geschichte ist damit noch nicht zu Ende. Der Diener verließ seine Herrschaft und sagte seinem Herrn: „Wenn die Herrschaften glauben, die Dienerschaft züchtigen zu dürfen, dann kann der Diener nicht mehr voller Achtung von seiner Herrschaft sprechen. Die Achtung der Menschen darf nicht abhängig sein von seinem Besitz, sondern von der Achtung seiner Würde als Mensch." Darauf entschuldigte sich der Herr und bat den Diener um Verzeihung. Der Diener nahm die Entschuldigung an, aber er blieb dennoch nicht länger in diesem Haus.

Das 4. Gedicht von Bruno Gröning, durchgegeben am 29.04.2013.

Das Wunder

Der Freude schönster Augenblick ist der,
wenn man erkennt,
dass viel Gesundheit pulst im Körper
und die Organe voller Leben sind.
Auch im Geist ist tiefe Wahrheit angekommen,
dass nur der Mensch kann fröhlich sein,
in dem die weisen Worte wirken,
dass du es bist, der dich befreit.
Auch musst du wenden dich an deinen Gott,
der dich erschuf.
Voll Vertrauen sollst du bleiben,
wenn auch scheinbar Gott nichts tut.
Der große Strom, der dich erfasst,
wenn du die Hände öffnen tust,
begrüße ihn mit deinem Herzen.
Verbinde weiter dich, auch du.
Und wenn du spürst, dass auch dein Körper, kaum ist er da,
gereinigt wird und bald geheilt,
dann sei dankbar deinem Schöpfer,
der dir dieses Wunder gab.

Telia vom Planeten Efonia – am 26. Mai 2013.

Der zärtliche Vater

Es war einmal ein zärtlicher Vater, der hatte drei Kinder. Als die Kinder groß waren, wollte er, dass sie alle einen guten Ehemann bekommen. Er zündete in der Kirche Kerzen an und bat Gott ihm dabei zu helfen. Und Gott sprach zu ihm: „Wenn du für deine Töchter etwas Gutes tun willst, dann lass sie selbst wählen, welchen Bräutigam sie haben wollen." Der Vater ging nach Hause und nahm seine Töchter zusammen und sagte ihnen: „Wer von euch einen Bräutigam haben möchte, der muss selbst auf die Suche gehen." Die Töchter waren darüber sehr erfreut und machten sich auf die Suche. Auf keinen Fall aber sollte es ein Mann sein, der kein Geld hatte. Zweitens sollte er hübsch und drittens gebildet sein. Die Suche zog sich hin, bis schließlich alle drei Töchter ohne Bräutigam nach Hause zurückkehrten. Der Vater war sehr zornig, weil seine Töchter zu seiner Schande nur nach äußerlichen Werten Ausschau hielten. Er ging wieder in die Kirche, zündete Kerzen an und bat Gott ihm zu helfen. Und Gott sprach zu ihm: „Lass deine Töchter erneut wählen Und wenn sie diesmal ohne Bräutigam zurückkommen, dann jage sie aus dem Haus." Der Vater nahm wieder seine Töchter zusammen und überbrachte ihnen Gottes Botschaft, dass jede nun wieder ausziehen sollte, um sich einen Bräutigam zu wählen. Nach geraumer Zeit kehrte eine nach der anderen zurück mit einem Bräutigam an der Seite. Der eine war klug, aber nicht hübsch, der andere vollständig taub, aber reich, und der dritte auffallend warmherzig, aber arm. So hatte nun jede den Ehemann gefunden, den sie sich wünschte. Der Vater ging wieder in die Kirche und dankte Gott für seine Hilfe. Und Gott sprach zu ihm: „Wenn du deine Töchter wirklich liebst, dann gib allen deinen Segen und lass sie ziehen, wohin sie wollen." Der Vater ging traurig nach Hause und überbrachte allen Gottes Botschaft. Da sagten die Töchter, dass sie alle in seiner Nähe bleiben wollen und sich bis an sein Ende um ihn kümmern werden. Der Vater zahlte seinen Töchtern die Mitgift aus und lebte bis an sein Ende glücklich im Kreise seiner Lieben. Das war das Ende der Geschichte.

Am 11.06.2013 Bila vom Planeten Dave.

Der alte Mann und die Schnecke

Es war einmal ein wirklich übel gelaunter Mann. Der wollte keine einzige Minute seines Lebens in eine fröhliche Stimmung kommen. Als er eines Morgens erwachte, kam ihm eine Schnecke entgegen, die mit ihm sprach. „Warum bist du so übel gelaunt?" fragte sie. „Schau doch, wie schön die Sonne scheint und die Vögel singen." Aber der Mann verschwand in seinem Zimmer und grollte. „Was für ein alter Griesgram", sagte die Schnecke, und kroch unter einen Ast, der am Fenster hing. Als der Mann das Fenster öffnete, sagte die Schnecke zu ihm: „Du hast aber eine schlechte Laune. Kann ich dich ein wenig aufmuntern?" Der alte Mann murrte und knallte das Fenster zu. „Das ist aber gar nicht schön. Fast wäre ich vom Ast gefallen", sagte die Schnecke, und kroch weiter bis zum Hausflur. Als der alte Mann aus der Tür trat, hätte er fast die Schnecke zertreten. „Pass` doch auf", rief die Schnecke, „fast hättest du mich zertreten." Da sagte der alte Mann voller Spott: „Das wäre gar nicht so schlimm. Dann würdest du mich mit deinem ewigen Gerede nicht mehr belästigen. Und außerdem mag ich Schnecken überhaupt nicht." Die Schnecke war sehr empört und zog sich in ihr Haus zurück. Aber nach kurzer Zeit kroch sie wieder heraus und war ganz erstaunt, was sie da zu sehen bekam. Der alte Mann hatte ein freundliches Lächeln auf dem Gesicht und sagte zu der Schnecke: „Ich danke dir, dass du mir die Augen geöffnet hast. Immer, wenn mir etwas nicht passte, habe ich mich in meinem Haus verschanzt und mit der ganzen Welt geschimpft. Aber das hat nicht geholfen, denn ich konnte dann nicht sehen, wie schön die Welt sein kann. Deshalb danke ich dir, dass du mir die Augen geöffnet hast." Die Schnecke wiederum war ebenfalls erschrocken über sich selbst, dass sie sich nicht anders verhalten hatte wie der alte Mann. Deshalb bedankte sie sich ebenfalls bei dem alten Mann, weil er ihr die Augen geöffnet hatte.

25.06.2013 Ich bin Laniel, ein Engel. Ich habe die Aufgabe, den Menschen die Schönheit des Wortes aufzuzeigen.

𝕯*ie schöne Frau*

Es war einmal eine sehr schöne Frau, die in einem sehr schönen Haus lebte. Doch sie war einsam, weil jeder, der sie sah, vor Ehrfurcht davon lief. Jeder meinte, dass eine so schöne Frau nur den schönsten und reichsten Mann heiraten will. Das konnte sie nicht verstehen. Deshalb nahm sie sich auf Anraten eines weisen Mannes ein paar Tage Zeit und verfuhr, wie ihr der weise Mann gesagt hatte. Sie legte ihre teuren Kleider ab und schlüpfte in die Kleider einer Waschfrau. Dann nahm sie die Schminke aus ihrem Gesicht und legte etwas Dunkles unter die Augen. Das machte sie älter und auch ziemlich hässlich. Auch ihr Gang war nicht mehr geziert, weil sie die hohen Schuhe gegen flache eintauschte. Das war nun nicht mehr die schöne und reiche Frau, sondern ein ganz normales Dämchen. Als sie sich nun unter die Menschen mischte, musste sie feststellen, dass sie überhaupt nicht beachtet wurde. Das konnte sie auch nicht verstehen. Was wollen die Menschen denn eigentlich? Wenn ich schön bin, laufen sie davon. Bin ich wie sie, beachten sie mich nicht. Sie suchte wieder den weisen Mann auf, der ihr riet, zusammen mit den Menschen zu arbeiten. Das war sie aber nicht gewöhnt. Alles, was sie anfasste, misslang ihr. Die Menschen lachten sie aus und beschimpften sie sogar, weil sie mehr Schaden anrichtete als Nutzen brachte. Sie wollte sich schon wieder in ihr Haus zurückziehen, als sie plötzlich einen Mann traf, der einsam wie sie ganz allein am Wegesrand saß und weinte. Sie wollte schon vorbei gehen, aber irgendetwas rührte sich in ihrem Herzen, was sie bisher noch nicht kannte. Es war ein warmes Gefühl, das da in ihr hochstieg und sie veranlasste stehen zu bleiben und sich nach dem Mann umzusehen. Auch der Mann verspürte in sich ein Gefühl der Nähe zu einem anderen Menschen, das auch ihm bisher fremd war. Als sie sich ansahen, bemerkten sie im anderen eine stille Sehnsucht nach Liebe und Wärme. Da kam der Wunsch auf, sich im Überschwang der Gefühle zu umarmen, aber das konnten beide nicht. Sie betrachteten einander, bis schließlich der Mann das Schweigen brach und sie fragte, warum in ihren Augen so viel Traurigkeit wäre. Da erzählte sie ihre Geschichte von Anfang an und auch der Mann öffnete sein Herz, so dass sie beide voller Erleichterung waren, endlich jemand gefunden zu haben, der sie verstand und ohne Vorurteile zuhören konnte. Sie verabredeten sich in ihrem Haus. Als der junge Mann bei ihr eintraf und sie ihm geschminkt und auf hohen Schuhen entgegen kam, sagte er, dass das nicht die Frau wäre, die er so traurig angetroffen hätte, und verließ sie augenblicklich. Die Frau glaubte, dass sie ihr Leben nicht verändern müsse, wenn sie einmal ihr Herz geöffnet hätte. Deshalb blieb sie auch weiterhin allein.

Peter Schneider
Im Sog der Geistigen Welt Gottes: Botschaften von Gott und den Helfern Gottes
396 Seiten | Hardcover | 19,60 € | ISBN 978-3-944265-04-9